汉语知识丛书

现代汉语修辞

祝敏青 著

商务印书馆
The Commercial Press

图书在版编目(CIP)数据

现代汉语修辞/祝敏青著.—北京:商务印书馆,2024
(汉语知识丛书)
ISBN 978-7-100-23289-0

Ⅰ.①现… Ⅱ.①祝… Ⅲ.①现代汉语—修辞学 Ⅳ.
①H15

中国国家版本馆 CIP 数据核字(2024)第 003789 号

权利保留,侵权必究。

汉语知识丛书

现代汉语修辞

祝敏青 著

商 务 印 书 馆 出 版
(北京王府井大街36号 邮政编码100710)
商 务 印 书 馆 发 行
北京虎彩文化传播有限公司印刷
ISBN 978-7-100-23289-0

2024年6月第1版	开本787×1092 1/32
2024年6月北京第1次印刷	印张 4¾

定价:29.00元

目　录

引　言 …………………………………………………………… 1

一　语境与修辞 ………………………………………………… 3
　（一）语言审美和语境 ………………………………………… 4
　（二）语境要素 ………………………………………………… 9
　（三）语境适应和语境背离 …………………………………… 22

二　变异修辞 …………………………………………………… 26
　（一）语音变异 ………………………………………………… 26
　（二）词语和词义变异 ………………………………………… 32
　（三）语法变异 ………………………………………………… 39
　（四）逻辑变异 ………………………………………………… 42

三　文学文体修辞 ……………………………………………… 48
　（一）诗歌修辞 ………………………………………………… 48
　（二）散文修辞 ………………………………………………… 56
　（三）小说修辞 ………………………………………………… 64
　（四）戏剧修辞 ………………………………………………… 76

四　汉语修辞格 …………………………………………… 80
　（一）重要修辞格 ……………………………………… 80
　（二）修辞格的综合运用 ……………………………… 123

参考文献 ………………………………………………… 147

引 言

汉语修辞是汉语在使用过程中各种提高表达效果的语言修饰活动。汉民族在长期语言使用中积累起来的修辞现象,体现了汉语的语言艺术和汉民族的文化积淀。

现代汉语修辞与现代人的生活密切相关,它反映了现代语境下,人们使用汉语的语言艺术,以及语言使用的创新追求。现代汉语修辞包括现代汉语修辞现象以及对这些现象的研究,即修辞现象与修辞学。

修辞现象涉及语言的听、说、读、写。既包括口语修辞,也包括书面语修辞;既涵盖表达修辞,也涵盖接受修辞。凡是语言使用中出现的对语言的修饰加工,都是修辞现象。广博的应用范围带来了这一领域研究的广博视角。

修辞学是研究修辞现象的语言学分支学科。现代汉语修辞学的研究始于唐钺《修辞格》(1923年),但时代的局限使其仅在参考欧洲传统修辞学的基础上对汉语修辞格进行研究。真正对现代汉语修辞学产生重大影响的著作是陈望道先生的《修辞学发凡》(1932年)。《修辞学发凡》继承并发扬了古代文论如南宋陈骙《文则》、金元之际王若虚《滹南遗老集》、南朝·梁刘勰《文心雕龙》等"为文之法",将修辞现象分为积极修辞、消极修辞;同时参考古代文论及东西方修辞格,将修辞格(修辞手法)分为38种,创立了中国现代修辞学学科体系,是当之无愧的现代汉语修辞学奠基之作。

　　修辞学作为研究语言艺术的一门学科,其性质在于多边缘学科的交融渗透。它隶属于语言学,又是语言学、文学、美学、心理学、哲学等多边缘学科有机融合的综合性学科。这种特点决定了修辞学研究视域广博、研究视角独特、研究方法具有多样性。

　　本书融作者数十年高校教学与科研经验,吸取近年来现代汉语修辞学最新研究成果,选取典型语料,对现代汉语修辞的重要现象进行较为全面的分析和描述,力求学术性与通俗性相结合,旨在普及现代汉语修辞的理论基础及相关知识,提高人们的语言鉴赏能力和表达能力,并将汉语修辞理论运用到日常生活的听说读写中,从而领略汉语的表达内涵及艺术美感,培养热爱祖国语言的深厚情感,弘扬中华优秀传统文化。

一 语境与修辞

1923年,波兰裔英国人类学家马林诺夫斯基(B. Malinowski)提出"语境"这一概念,并将语境区分为两类:"情景语境"和"文化语境",亦即"语言性语境"和"非语言性语境"。1932年,陈望道《修辞学发凡》提出"修辞以适应题旨情境为第一义",首次将语境视为修辞、修辞学的重要参构因素。由此,语境在社会学、语言学领域受到高度重视,其研究范围也得到相应扩展。

所谓"语境",简单来说,就是"使用语言的环境"。正常的语言使用是离不开语境的。那么,异常的语言使用呢?比如疯子、酒鬼说话和语境有关吗?举一个例子,一个著名的疯子——鲁迅小说《狂人日记》中的狂人。狂人说:"他们会吃人,就未必不会吃我。""我也是人,他们想要吃我了!""合伙吃我的人,便是我的哥哥!"这些"语颇错杂无伦次,又多荒唐之言"的狂人之语,显然离不开特定的语境。这就是鲁迅塑造狂人的时代背景。"我翻开历史一查,这历史没有年代,歪歪斜斜的每页上都写着'仁义道德'几个字。我横竖睡不着,仔细看了半夜,才从字缝里看出字来,满本都写着两个字是'吃人!'"由此可见,鲁迅借狂人之口,抨击的是封建礼教社会,抨击"吃人"的封建礼教。这从作者在《呐喊·自序》及《〈中国新文学大系〉小说二集序》中指出的"意在暴露家族制度和礼教的弊害"可以看出。因此在小说篇末,鲁迅发出"救救孩子……"的呐喊。狂人之狂,为社会所逼迫,这是狂人"疯话"的语境。可见疯子之语离不开其生存的语境。塑造狂人,体现其创作意义,也离不开作者的创作语境。再看一个著名的酒鬼——《红楼梦》第七回中喝醉酒在贾府门前破口大骂的焦大。半夜三更时,管家赖二要焦大去送秦可卿的弟弟秦钟,焦大心中不满,于是开骂。他仗着当年把太爷从死人堆背出来的功劳,借着酒劲,发泄对贾府诗书礼仪掩盖下偷鸡摸狗等龌龊肮脏内幕的不满,声称要"红刀子进去,白刀子出来"。在贾府门前破口大骂,是骂人者与似海侯门语境的不和谐;敢在贾府门前破口大骂,又是焦大这样一个对贾府祖先有恩、功高盖主的特殊奴才与所骂之语的和谐。焦大经历了贾府的漫长岁月,目睹了贾府的历史兴衰、人事变迁,这样的语境,是他对贾府情况了如指掌使然,是对一代不如一代现状的痛心疾首,也是他敢骂能骂的原因。在醉酒的特定语境中,"红刀子进去,白刀子出来"这样不合逻辑的话语有了内在的合理性。唯其悖理,方是酒鬼之语。由此可见,只要使用语言,就离不开语境。孤立的词语只有其特定的词义,而进入具体的语境之后,则带有了超越词义之外的意义。

(一)语言审美和语境

语境是修辞审美不可或缺的因素。对语言的审美与对自然现象的审美是不一样的。如人体审美,审美对象要具备基本条件,高矮胖瘦,五官三围,具备美的基本条件。西施美,因为具备了那个时代特定的审美条件;东施效颦,虽然有追求美的勇气,但因自身条件不足,只能是越仿效却越丑。再如自然审美,桂林山水甲天下,青山绿水给人美的视觉感受,进而引发心灵的陶醉;臭水沟、烂泥潭就无可谓美了。语言审美则不同,优美的语言文字可以审美,代表丑陋事物的字眼也可以审美。贺敬之《桂林山水歌》开头有这样几句:

　　云中的神呵,雾中的仙,
　　神姿仙态桂林的山!

　　情一样深呵,梦一样美,
　　如情似梦漓江的水!

　　水几重呵,山几重?
　　水绕山环桂林城……

　　是山城呵,是水城?
　　都在青山绿水中……

我们没有考证,诗人写作时是精雕细琢,还是一气呵成。但从审美角度,可以看出语言文字的精巧组合。"神姿仙态"承前句的"神""仙"而来,"如情似梦"承前句的"情""梦"而来,"水绕山环"承前句的"水""山"而来,"青山绿水"承前句的"山""水"而来。优美的语言文字与桂林山水相契合,相媲美。

　　那么,一定要这样美的字眼才可以审美吗?美学领域有一"审丑"概念,被奉为现代丑学开创者的罗森克兰兹(K. Rosenkranz)在《丑的美学》中说:"吸收丑是为了美而不是为了丑。"可见,美与丑是对立的,又具有内在的统一。对代表丑的事物的语言符号进行审视,可能达到审美目的。如"蛆"指蝇的幼虫,显然是丑的,但在特定的语境中却可能具有审美价值。王蒙中篇小说《莫须有事件——荒唐的游戏》中有一段文字,描绘周丽珠医生的心理活动,就是将"蛆"放在不同的语境中进行比较的:

> 任何人不会因为在菜田边的粪池里发现蝇的幼虫而晕倒。但如果是在某一家饭桌上,如果饭桌上铺着洁白的台布,如果台布上摆着的是景德镇出品的细瓷花碗,如果小碗里端来的是晶莹剔透的冰花雪耳,如果当你拿起小匙一搅的时候突然看到了晶莹剔透的底层的大尾巴蛆,再一搅蛆又没了,又变成了味美色亮的冰花雪耳,当人下咽的时候忽然又变成了蛆虫……我的天,你还能保持神经的平衡吗?你的前庭器官还能正常调节吗?你的内分泌还能正常渗透吗?你的消化器官——你能不呕吐吗?

小说描述骗子王大壮靠成立机构,办各种培训班招摇撞骗,他去找周丽珠医生,说要成立"脚癣牙病治疗研究培训联合团",请周医生担任"第三副团长、研究生导师和第一期班主任"。上述文字形容周医生得知王大壮是骗子后的心理活动,将蛆放在两个不同的环境中做比较,前一环境"菜田边的粪池"与蛆是和谐的,虽然不美,但不至于让人感到极度恶心;后一环境"某一家饭桌",一切都是洁白的、精致的,就与蛆形成了极大反差,反差度越大,恶心感越强。蛆在不同环境给人的不同感受将骗子不伪装和伪装后给人的不同感受生动地体现出来,借以突出王大壮以伪装面貌出现,骗取医生信任的丑恶嘴脸。"蛆"所代表的事物虽然是丑的,但"蛆"这个字眼在这个语境中却生动形象地把周医生极度恶心的感受描绘出来了。因此,具有了审美价值。

可见,语言的美丑不在于词语本身,而在其表达效果。在特定语境中,一些丑的字眼也可能具有审美价值。这就需要我们结合语境来解读判断。再如莫言《红蝗》中有一段对大便的讴歌:

> 我有充分的必要说明,也有充分的理由证明,高密东北乡人食物粗糙,大便量多纤维丰富,味道与干燥的青草相仿佛,因此高密东北乡人大便时一般都能体验到磨砺黏膜的幸福感。——这也是我久久难以忘却这块地方的一个重要原因。高密东北乡人大便过后脸上都带着轻松疲惫的幸福表情。当年,我们大便后都感到生活美好,宛若鲜花盛开。我的一个狡猾的妹妹要零花钱时,总是选择她的父亲——我的八叔大便过后那一瞬间,她每次都能如愿以偿。应该说这是一个独特的地方,一块具有鲜明特色的土地,这块土地上繁衍着一个排泄无臭大便的家族(?)种族(?),优秀的(?),劣等的(?),在臭气熏天的城市里生活着,我痛苦地体验着淅淅沥沥如刀刮竹般的大便痛苦,城市里男男女女都肛门淤塞,像年久失修的下水管道,我像思念板石道上的马蹄声声一样思念粗大滑畅的肛门,像思念无臭的大便一样思念我可爱的故乡,我于是也明白了为什么画眉老人死了也要把骨灰搬运回故乡了。

这段文字出现最多的字眼是"大便",描述了高密东北乡人大便的品质、大便时的幸福感、大便后的办事效应,甚至将城里人的大便与高密乡村人的大便做对比,以抒发对大便的讴歌。"大便"的高频率出现和审美倾向显然有异于常理,于是,作者在下文做了说明:

> 我们的家族有表达感情的独特方式,我们美丽的语言

被人骂成：粗俗、污秽、不堪入目、不堪入耳，我们很委屈。我们歌颂大便、歌颂大便时的幸福时，肛门里积满锈垢的人骂我们肮脏、下流，我们更委屈。我们的大便像贴着商标的香蕉一样美丽为什么不能歌颂，我们大便时往往联想到爱情的最高形式、甚至升华成一种宗教仪式为什么不能歌颂？

莫言为上文讴歌大便正言，理直气壮地讴歌大便，看似违背了审美的一般原则，但联系特定的语境来看，大便就有了讴歌的理由。"大便"关联着他的故乡，关联着他对故乡的热爱和思念："像思念板石道上的马蹄声声一样思念粗大滑畅的肛门，像思念无臭的大便一样思念我可爱的故乡。"将这一写作意图表现了出来。在小说末尾，莫言更是借一位头发乌黑的女戏剧家的"庄严誓词"说明了自己的创作理念：

总有一天，我要编导一部真正的戏剧，在这部剧里，梦幻与现实、科学与童话、上帝与魔鬼、爱情与卖淫、高贵与卑贱、美女与大便、过去与现在、金奖牌与避孕套……互相掺和、紧密团结、环环相连，构成一个完整的世界。

这段文字将互为对立的词组合在一起，这些词有些原为反义词，有些则是临时构成的反义词，特别是"美女与大便"临时构成了一个美丑的对立。可以看出，在莫言眼中，唯有对立，才组成"完整的世界"。这种理念，既说明了美丑的对立，也说明了美丑的统一。同时，也说明了审丑与审美的辩证哲理。可见，从审丑到审美，语境是不可或缺的重要因素。在语境的参构下，丑的字眼，丑的句子，因为具有修辞效果而获得了审美价值。比喻手法中的取喻也是这样，并非一定要美好的事物才可作喻。钱锺书

《围城》中有一情节,赵辛楣与方鸿渐初次见面,误以为方鸿渐是情敌,就想在苏小姐面前捉弄他,灌他喝酒,让他出丑。不会喝酒的方鸿渐"要喉舌两关不留难这口酒,溜税似地直咽下去,只觉胃里的东西给这口酒激得要冒上来,好比已塞的抽水马桶又经人抽一下水的景象。忙搁下杯子。咬紧牙齿,用坚强的意志压住这阵泛溢"。这里形容方鸿渐被酒激得要呕吐的感觉,选用的喻体"已塞的抽水马桶又经人抽一下水的景象"是让人倒胃口的,毫无美感,却因形象生动地描绘出方鸿渐的感受而具有了审美价值。再如陈村《起子和他的五幕梦》中的描写:"蛔虫一样的面条在锅里懒洋洋游动着。热气冒了上来,它不很情愿地游进嘴巴,游到胃,转过规定好的那几个弯,最后游出肛门。"以蛔虫喻面条令人作呕,却让面条有了自主活力,将其入口到消化的过程表现得饶有趣味。

(二)语境要素

语境包含多方面,我们介绍主要的六个语境要素。

1. 语言语境

语言语境是语音、语义、语法等语言材料构成的语境。包括书面语中的上下文,口语中的前言后语。

语言环境是语词赖以生存的土壤。孤立的词语谈不上修辞,只有进入特定的语境,词语才有了修辞价值。台湾艺人凌峰以幽默著称。他在一次登台自我介绍时说:"我叫凌峰,凌峰的凌,凌峰的峰。"这一介绍打破了汉语姓名介绍时的一般规矩。汉语多音多义字多,所以介绍姓名时,需要说明具体是哪个字。

凌峰的自我介绍说了等于没说,却让人耳目一新,凸显幽默。接着他问大家,在座的听过凌峰唱的歌没有,有人说听过,有人说没听过。凌峰说:"没听过凌峰唱歌的朋友们终生遗憾。"让人觉得狂妄;接着他说:"听过凌峰唱歌的朋友们遗憾终生。"观众恍然大悟,原来他利用语序卖了个关子,制造了幽默效果。"凌峰""终生遗憾"本无所谓修辞,可是凌峰为它们做了特殊的组合,设置了特定的上下文,幽默油然而生。

前一个词、后一个词可以构成上下文语境。如果问"美人"和"佳人"的区别是什么,一般的回答是"美人"指外表美,"佳人"则是内外兼修。但如果说,二者的区别是喜欢的对象不同,美人喜欢身强力壮的,佳人喜欢头脑好用的,大家可能就觉得奇怪。但这种奇怪的判断有着合理性。这就是上下文——英雄救美人,才子配佳人。我们不说"英雄救佳人",也不说"才子配美人"。英雄与美人,才子与佳人,在约定俗成中常常构成上下文,由上下文惯常的组合关系使上述看似荒唐的结论有了合理性。

上下文还可以是前后句关系。传说一人大宴宾客,主人喝醉酒,大发诗兴:"柳絮飞来片片红。"客人哄堂大笑,柳絮怎么可能是红的?这时,一诗人替主人打掩护,说诗句有出处,上文是"夕阳照进桃花坞"。有了这一上句,原本不通的下句就被救活了。在夕阳映照下,飞过桃花坞上空的柳絮似乎也被映红了。

上下文还可以扩展为整个篇章。如王蒙微型小说《牢骚满腹》,其上下文由一封信的内容与备注构成。信的内容占大量篇幅,即挚友 N 君所发的牢骚:

亲爱的 W,我活不下去了!我不知道生活为什么这样折磨我!早晨我去买早点,却发现早点铺里根本没有安装

10

篮球筐架。我去买一张报纸,却发现卖报的人不是双眼皮。在汽车站我等汽车,等了两个小时也没有一辆我所希望的123456789号巴士开来。进了办公室以后,我大吃一惊,原来桌子上连一碗馄饨也没有摆着。我接到了一个电话,打电话的人竟然没有得过奥林匹克跳高冠军。我用玻璃杯给自己倒了一杯茶,突然想起那个采茶的农妇说不定对丈夫不贞。……结果,我没吃早点,没买报,没坐汽车,没进办公室,没接电话,没喝茶……啥都不顺心,我准备自杀了……

这些荒唐的无法实现的牢骚以对事理逻辑、现实生活的极大背离而体现出了荒谬。信下端的备注造成了对上文的跌宕:"注意,如果给你送信的邮递员身高不够一米九,就把此信烧掉好了!"邮递员身高的要求是荒诞的,这也就意味着大概率地把信烧了,而把信烧了也就意味着上文所发的牢骚不复存在。因此,对上文牢骚的否定,不言而喻体现在下文中,整篇小说以上下文的相抵牾构成了整体结构,表现了对整天无所事事、发无谓牢骚一类人的嘲讽。

2. 时间语境

使用语言的时间环境,大可以大到某个时代、时期,小可以小到某一个时段、时刻。时间短,语言的标识不鲜明;时间长了,可能在语言中打上时代烙印。如"文革"十年,产生了"文革话语"现象。"革命""红"等语词充斥在"文革"话语中。请看姜昆、李文华的相声《如此照相》:

甲:我给你念念:"凡到我革命照相馆,拍革命照片的革命同志,进我革命门,问革命话,须先呼革命口号,如革命群众不呼革命口号,则革命职工坚决以革命态度不给革命

11

回答。致革命敬礼。"

乙：真够"革命"的。那时候是那样儿，进门得这样说："'为人民服务'，同志，问您点事。"

甲："'要斗私批修！'你说吧！"

乙："'灭资兴无。'我照张相。"

甲："'破私立公。'照几寸？"

乙："'革命无罪。'三寸的。"

甲："'造反有理。'您拿钱。"

乙："'突出政治。'多少钱？"

甲："'立竿见影。'一块三。"

乙："'批判反动权威。'给您钱！"

甲："'反对金钱挂帅。'给您票！"

乙："'横扫一切牛鬼蛇神。'谢谢！"

甲："'狠斗私字一闪念。'不用了。"

乙："'灵魂深处闹革命。'在哪儿照相？"

甲："'为公字前进一步死。'往前走！"

乙："'为公字前进一步死。'我这就完啦？"

甲："那也不许'为私字后退半步生'！"

语言与特定历史时期相关联，话语充满了"革命"意味。"文革"极"左"的话语特色，充分展现了特定历史时期人们的思维、语言面貌。再如王蒙《失态的季节》描写右派钱文的心理活动：

面对十目所视十手所指，钱文不能不感觉到人民的伟大与自己的渺小，人民的充实与自己的空虚，人民的光明与自己的阴暗，人民的苦口婆心与自己的自甘堕落，人民的热烈与自己的凄凉。总之，人民是沸腾的大海而自己是瑟缩的秋虫,人民是历史主人而自己是历史的垃圾,人民是火红的太阳而自己是见不得阳光的魑魅魍魉……

将自己与人民形成了针锋相对的对立,这是钱文被改造后产生的想法,心理活动是真实的,而产生的想法却是异常的。新中国成立前曾经参加过地下党的钱文因为吃了一餐西餐,被打成右派,劳动改造。正如何西来所说:"钱文是作品的感受中心,他的心灵活动不仅表现着他个人的以及与他生死相依的东菊的命运,而且像镜面一样映照着他周围的其他人物,主要是同命运的右派们的忧乐,此外还折射着外部社会环境的风云变幻。"[①] 注重"人物心灵的搏动与倾吐"的王蒙,以钱文极端的内心对比,展现了"右派"被劳动改造后的畸形心理状态。

时间语境制约着人们的交际,跨时空交际会产生语言障碍。陶渊明《桃花源记》中写一个晋朝打鱼的人误入秦时避难人们居住的村落:"问今是何世,乃不知有汉,无论魏晋。"且不说这些秦时避难之人不知外间世界改朝换代的变化,这些"避秦时乱",与"外人间隔"的秦人,跟晋人之间根本不可能有问答。历经几个朝代,语言已经发生极大的变化,没有翻译很难完成交际任务了。当然,陶渊明的这一故事只是其不满现实,追求理想的一个寄托罢了,不能苛求语言交际的现实性。进入 21 世纪,曾有过一个穿越剧风行的时期。2001 年首部古装穿越剧《寻秦记》热播后,引发《古今大战秦俑情》《穿越时空的爱恋》等剧的热播,表现了跨时空的交际。这种交际当然是超越现实的,但因为伴随着穿越剧的联想,想象的艺术构思就有了合理性。实际上,

---

① 何西来《智慧的痛苦——评王蒙〈失态的季节〉》,中国人民大学复印报刊资料,1996 年 01 期。

就算不是跨越时代,而仅是不同的历史时期,语言受时间语境的制约,也是会产生障碍的。王蒙微型小说《雄辩症》描述了一个医生和一个病人的对话。病人对医生的"请坐""请喝水""今天天气不错"等话题报以对抗性回答:"难道你要剥夺我的不坐权吗?""并不是所有的水都能喝。""你这里天气不错,并不等于全世界在今天都是好天气。"这些抵触意味浓烈的回答,违反了正常交际的合作原则,让人对病人的身份、病情产生疑问。最后谜底揭晓,昭示了此人身份,也显现了其语言的时代背景:"……经过多方调查,才知道这位病人当年参加过'四人帮'梁效的写作班子,估计可能是一种后遗症。""梁效"是"文革"时期"四人帮"在北大、清华两校组成的写作班子,无论什么事都无限上纲上线,打棍子,扣帽子。这样的思维定式、语言定式在"文革"结束后,还残留在病人的思维和语言中,与处在恢复社会正常秩序背景下的医生产生了交际障碍。这种语言打上的烙印是深刻的,其嘲讽的意味也耐人深思。

3. 空间语境

使用语言的空间环境,对语言使用起着制约、辅助、干扰、生成等作用。

特定的空间语境可以帮助话语的表达与理解。如"男同志就是游泳裤",孤立看这一句子是不通的,但联系话语的空间语境,则是合理的。张洁散文《五色的海》中有一情节,一男人初到海边,想下海泡泡水,到商店买游泳衣。售货员递给他一条游泳裤,此人站着不付钱,也不走。对售货员说,裤衩有了,小褂儿还没给我呀。售货员回答:"男同志就是游泳裤。"特定买卖的空间语境帮助了话语表达,也帮助了话语接受,看似不通的句子也就了然了。

空间语境可以是客观的静态空间语境,也可以是临时的、带有偶然因素的动态空间语境。《三国演义》中有一曹操和刘备煮酒论英雄的情节。当时刘备势单力薄,生怕曹操加害于他,每天假装着在菜园子里除草浇水,无所事事。没想到曹操对他说:"今天下英雄,惟使君与操耳。"此话让刘备大吃一惊,筷子掉在地上。正好天上打了一声响雷,刘备借雷声说话:"一震之威,乃至于此。"雷声本是自然界临时出现的现象,此处却参与了交际,帮助刘备掩饰紧张心理。试想,曹操本就疑心重,刘备听了此话后如此紧张,必令曹操生疑。因此,与其说此处的打雷是自然现象,不如说是人为现象。不是老天爷要打雷,而是作者让老天爷打雷,目的就是帮助刘备说话。

当然,空间环境可以帮助说话,帮助话语理解,也可以干扰说话,干扰话语理解。《三国演义》第四回有一曹操误杀吕伯奢一家的情节,充分体现了曹操的多疑残忍。曹操刺杀董卓不成,被官府悬赏捉拿。逃亡途中,到其父老朋友吕伯奢家,吕伯奢热情款待,吩咐家人杀猪,自己又外出买酒。多疑的曹操四处打探,听到吕伯奢家人说"缚而杀之",以为要杀自己,冲进去把人家一家八口全杀了,杀完以后才发现后堂绑着一口猪。出逃时又遇吕伯奢买酒回来,索性一不做二不休,把吕伯奢也给杀了。这场误会源于曹操对"缚而杀之"话语的误解。从交际对象来说,这句话是吕伯奢家人之间说的,这是显性的交际对象。而曹操则是隐性的、间接的交际对象,是临时介入交际的。因为曹操没看到绑着的猪,也因为其多疑的性格,逃亡的境遇,这些语境因素,干扰了他对话语的正确接收,导致悲剧酿成。

特定的空间语境还能使话语临时生成语言符号自身所不具有的信息。张焰铎小小说《握手》中,"握手"一词在特定语境下超越了语词原有意义。"握手"原是一种交际礼仪,这种语义从古至今延续。传说原始人在路上相遇,双方要把手上的武器扔掉,伸出手掌让对方摸摸,表示手中没有武器,是友好的表示。现在"握手"内涵扩大了,可以表示见面、告别、鼓劲等意义,但不管怎样,都是两手相交的动作。而在《握手》中,"握手"却派生出新意。乡村播放外国影片《蓝色多瑙河》,出现男女双方接吻镜头时,电影放映员对着现场解释:"乡亲们,外国人的接吻就相当于我们的握手。"由此,"握手"与"接吻"等同了。"有一对男女知青走进月光照不着的林径。他们早相爱了,只是用目光相爱都觉得偷吃了禁果。今晚月色真好,他们在林子的阴影里终于克制不住尝试着'握手'了。""他们握得太久了。不光树林沙沙的声音笑他们,树林外边的月亮,月亮旁边的云彩,都笑起他们来。"这是由特定的空间产生的新意,离开这篇小说语境,这种意义不复存在。

4. 对象语境

使用语言的对象自身也是语境因素,包括说者与听者。"人"是最好写的汉字,但人又是最复杂的高级动物。民族、地域、阶层、年龄、性别、性格、长相、穿着、兴趣、爱好等,造成人的千差万别。魏明伦《人类学家的实验》以一个人类学家对不同民族两男一女所做的实验体现了人的民族差异。这种差异也鲜明地反映在语言方面。不同民族之间的语言差异是显而易见的,不同地域、阶层、修养等差异也会在语言上打上烙印。就说者而言,人物的话语体现了人物的个性。张爱玲《金锁记》中塑造了一个集可怜、可悲、可鄙、可恨为一身的曹七巧。小说开场,曹七巧的话语就体现了人物个性。早起到老太太房里问安,众人都到了,曹七巧迟到。分明是为了"抽一口解闷儿"而迟到,她却先声夺人:"人都齐了,今儿想必我又晚了!怎怪我不迟到——摸着黑梳的头!谁教我的窗户冲着后院子呢?单单就派了那么间房给我,横竖我们那位眼看是活不长的,我们净等着做孤儿寡妇了——不欺负我们,欺负谁?"这一话语让人看到,曹七巧这个角色不是一个省油的灯。她出身于麻油店的小商贩家庭,嫁进大户人家当了二少奶奶。这样的出身,只配嫁给残疾的丈夫。因此,曹七巧为大户人家所有人看不起。但"嘴这样敞,脾气这样躁"的曹七巧,要在与家人争斗中生存,逆境中的欲望扭曲了她的灵魂。

言语交际是双向的,说者与听者构成交际双方。说者的话语表达,直接关系到听者的话语接受。请看《西游记》中猪八戒劝说孙悟空出山救师父的情节。孙悟空三打白骨精,被唐僧错怪并赶回花果山。后唐僧被黄袍怪扣押在宝象国,猪八戒到花果山搬救兵,被孙悟空捉弄一番。最后,猪八戒编出妖怪骂孙悟空的话语,气得孙悟空抓耳搔腮,名为非要去"报这一骂之仇",实为出山打妖怪救师父。这就是著名的激将法。猪八戒能达到话语目的,是因为针对了孙悟空的心理。他知道,连玉皇老儿都不放在眼里的孙悟空最容不得被人辱骂,更何况是妖怪之骂。这一场交际,看似以猪八戒的机智取胜,但实际上它的"投其所恶"是给了孙悟空一个出山的台阶。对师父忠心耿耿、对妖怪疾恶如仇的孙悟空想去救师父,但碍于面子不便出山。"报这一骂之仇"是虚,救师父是实。火眼金睛的孙悟空不可能看不出猪八戒的用意,但将计就计,也就与猪八戒双赢。因此,交际对象双方的心理等因素决定了交际双方的合作程度。

5. 目的语境

话语的目标指向也是语境因素。当然,目的语境是隐含在话语深层的,有时甚至跟话语表层不相吻合。比如,在一个自习教室里,天气炎热,门窗关闭,空调没开。坐在中间的同学对旁边的同学说:"真热啊!"这是一个感叹句,但实际话语目的是祈使句:"你把门窗打开!"或"把空调打开吧!"如果旁边的同学也附和说"是啊,真热!"而没有采取行动,就说明没有真正解读出对方的话语含义,说话者没能达到话语目的。因此,话语目的是一个复杂的语境因素,因为其隐含在话语深层,也因为语言的多义性、模糊性而带来双方合作与否的不确定性。

有篇幽默小品文,描述一个先生找律师要与太太打离婚官司。律师了解太太是一个怎样的人,先生说,我的太太是个好太太,好母亲,还是一个好厨子。律师奇怪,这么好的太太为什么要离婚?先生说,因为她成天唠唠叨叨说个不停。律师问,她说些什么?先生答,就是这个讨厌啊,她从来没说清楚过。一个人因为太太说话没说清楚而要离婚,似乎有些夸张。但想想,如果一个朝夕相处的人,说话老让你听不明白,你愿意与她过下去吗?说话要达到目的,就要注意语言形式的选择。有篇小品文,描写西方某个历史时期,贵妇人们有个时髦的装饰,头上戴个高帽,帽上插根羽毛,自认为很美。这些贵妇人到剧院看戏也不愿把帽子摘下,影响了后排的人看戏。剧院工作人员多方劝阻无效,后来剧院老板说了一句话,年龄大的女士可以照顾不摘帽子,贵妇人便纷纷把帽子摘了。不摘帽子意味着年龄大,这是西方女性所忌讳的,老板这一话语轻而易举地达到了目的。语序是汉语最重要的语法手段。首先,语序不同,话语目的也不同。有个传说,曾国藩为首的湘军与太平天国打仗,打了败仗向皇上请求援兵,幕僚写奏折时写了一句实话:"湘军屡战屡败。"老奸巨猾的曾国藩提笔改成了"屡败屡战"。"屡战屡败"是客观的陈述,"屡败屡战"则带有情感倾向,意味湘军不惧失败,英勇作战。其次,语序不同,语义也不同。一个牧师问老师,我在祈祷的时候吸烟可以吗?老师说不可以。另一个牧师问,我在吸烟的时候祈祷可以吗?老师同意了。吸烟与祈祷两件事同时进行,但因为语序不同就带有了不同的含义。前者意味着祈祷不虔诚,后者则表示念念不忘祈祷。法律语言讲究精确,在语序上也是大有讲究的。古代有一个断案,原判的结果是:"其情可悯,其罪当诛。"后来家人买通了刀笔吏,改为"其罪当诛,其情可悯"。语序不同,后者就不一定判死刑了。还有一个案子,一人入室抢劫并强奸女子,案情陈述是"揭被夺镯"。受害人家属提出,这样的陈述说明只犯了一个抢劫罪,"揭被"的目的是"夺镯",而此人是抢劫强奸两罪并发,应该是"夺镯揭被"。这说明语序涉及语言表述的严谨与否。

由于话语表达与目的之间不一定对应,从而导致出现"失言"现象。即说话者无意识地偏离了话语目的。比如某人赴宴迟到了,匆忙坐下,瞥见面前摆着一道烤乳猪,大为高兴,说:"好在坐在烤乳猪旁边。"话音刚落,发现旁边一个胖太太瞪着自己,赶快道歉:"我说的是这只煮熟了的。"如果说第一次说话无意识得罪了胖太太,第二次说话是有意识地道歉,则更进一步得罪了对方。还有一故事,说的是大仲马要参观一家书店,头一天老板就把别人的书都给下架了,只剩下大仲马的书。大仲马觉得奇怪,问别人的书都到哪儿去了。老板回答说"全卖完了"。老板的行为和话语本来是要讨好大仲马,却造成大仲马的书滞销的误会,得罪了大仲马。我国古代有个笑话。某人很谦虚,别人夸他的房子很漂亮,他说这只不过是寒舍陋室;别人又夸他衣服很漂亮,他说只不过是粗布衣服;人家又夸他家饭菜很可口,他说这是粗茶淡饭。人家没法再夸他了,便感慨今晚的月色真美,他说这只不过是我家的一轮粗月。连月亮都成他家的,这人还谦虚吗?因此,恰当的表达要考虑字面义与话语目的相对应,避免出现两者脱节的现象。

6. 背景语境

背景语境是交际和谐的基础,交际双方要在具备共同背景基础上完成交际任务。使用语言的背景,包括背景资料、话语共知前提等。相声里有个对话,甲说:"你有什么了不起,你能把我吃了?"乙说:"不能,我是回民。"乙的答话中隐含着一个背景资料:回民不吃猪肉。因此,骂对方是猪。如果对方不知这一背景,乙就白骂了。

背景语境是交际双方完成交际任务的重要因素,它决定了双方对话语的理解接收。请看曹禺《雷雨》中一段对话:

鲁侍萍:(看他们两人)你们这次走,最好越走越远,不要回头,今天离开,你们无论生死,永远也不许见我。

鲁四凤:(难过)妈,那不——

周萍:(眼色,低声)她现在很难过,才说这样的话,过后,她就会好了的。

鲁四凤:嗯,也好。——妈,那我们走吧。

鲁四凤和周萍向鲁侍萍请求离家出走,开始鲁侍萍阻拦,但知道四凤怀孕后,鲁侍萍说了上述的话。鲁侍萍这一话语是万般无奈下的选择,自己的一双儿女居然发展成情人关系,如果留在此地,被人得知,必然崩溃。倒不如让他们远走高飞,或许还能有条生路。但周萍和四凤缺乏与鲁侍萍共知的语境,他们只知情人关系,不知兄妹关系,于是产生了错误接收,以为是母亲难过而说的气话。

为了介绍方便,我们分作语言语境、时间语境、空间语境、对象语境、目的语境、背景语境进行陈述。实际上,各语境因素可能同时交织在一个话语片段中。因此,要对语境因素做综合考察。曾有一则报道,日本前内阁总理大臣吉田茂晚年丧妻,在一个公开场合,女记者向吉田茂提了一个问题:"阁下现在对女人有什么想法?"吉田茂回答:"过去想法很多,但自从见到你以后,就什么想法也没有了。"显然,这回答是不客气的。分析这个对话的语境因素,我们可以看到,问答之间形成了上下文语境,下文的不客气,是因为上文的不礼貌、不得体。女记者问话的对象是日本高官,不是平民百姓,又在公开场合,高官的答话会立刻被传播开去。问答之间应该是具有共知语境的,女记者知道吉田茂刚丧妻,但是否知道吉田茂和妻子感情很好,还未从丧妻之痛中解脱出来?从问话目的来看,女记者是想得到独家新闻,但由于不得体,反而被抢白了一顿。可见,短短的对话片段,涉及了上下文、时间、空间、对象、目的、背景等语境。当然,不同的语言现象,涉及的语境因素各有所侧重,要根据具体的现象来分析。

(三)语境适应和语境背离

语境适应和语境背离是一对矛盾,但又有着对立的统一。二者各有其修辞特点、修辞效果,也有着相互的关联融合。

1.语境适应中的修辞

修辞要适应特定的语境。语境是修辞生存的土壤,修辞要适应特定的上下文、时空、对象、目的、背景等语境。如书面语词适用于书面语体,口语词适用于口语交际。俗语说"到什么山上唱什么歌,见什么人说什么话",指的也是语境适应。语境适应是语言使用常规,是在不违反语言规律前提下的修辞。

作家在推敲文字时,常常为了适应语境而修改文字。如:

① 但在我们的母亲河流长江上,第一次,为这样一种大自然的伟力(威力)所吸引了。

刘白羽《长江三日》

② 每回家,总听他们讲逃难时可怕可笑的经历;他们叙述描写的艺术似乎讲一次进步一次,鸿渐的注意和同情却(也)听一次减退一些。

钱锺书《围城》

上二例中,括号内为原文。例① "伟力"与"威力"是同义词,此处讴歌长江,不仅要体现其威慑力,而且要体现其壮阔宏伟、源远流长,体现其作为"母亲河流"蕴含的中华民族文化底蕴的深沉厚重,在自然和文化方面带给人们的震慑力感召力,改为"伟力"更适应此语境。例② 写方鸿渐回家后的情景,原文"也"表同样,虽然语义也通顺,但改为"却",转折词将说者的言说兴趣与听者的接收情绪形成鲜明的反差对照,将上下文以转折关联,体现了作者强烈的调侃讽刺意味。

2. 语境背离中的修辞——修辞性语境差

语境适应是修辞,语境背离也是修辞,而且是修辞效果更为突出的修辞。这种现象我们称之为修辞性语境差。所谓修辞性语境差,是指在同一交际界域,语境因素间呈现颠覆状态,却具有审美价值的修辞现象。简而言之,修辞性语境差是一种语境背离的现象,它以对语境平衡的颠覆为标志性特征。如莫言《枯河》中对月亮的描写颠覆了月亮原有的形态特征,开篇"一轮巨大的水淋淋的鲜红月亮从村庄东边暮色苍茫的原野上升起来时,村子里弥漫的烟雾愈加厚重,并且似乎都染上了月亮的那种凄艳的红色"。"水淋淋""鲜红"并非月亮的客观特征,却凸显了月亮"凄艳的红色"。这种红色与原野的"暮色苍茫"及厚重的烟雾相组合,构成了村子里凄惨阴沉的空间场景,为故事的展开奠定了基调。描写小虎从树上落下,砸到小珍,被书记、父母、哥哥暴打后离家出走,摔倒在沙窝里的惨状:"月亮颤抖不止,把血水一样的微光淋在他赤裸的背上。他趴着,无力再动,感觉到月光像热烙铁一样烫着背,鼻子里充溢着烧猪皮的味道。"继而趴在沙土上,"他求援地盯着孤独的月亮。月亮照着他,月亮脸色苍白,月亮里的暗影异常清晰"。又是一个个月亮形象的颠覆。静态的月亮具有了动态感,无感知的月亮有了心态知觉。月亮既是叙事中小虎生存的空间语境,又是孤独无助的小虎唯一的希望,是能够交流的朋友。小虎的孤独绝望,随着月亮的移动在疯狂地蔓延、发展。小虎离家出走于月亮升起时,终逝于月亮落下时。当太阳升起,人们找到小虎时,他已经死了。小说始于太阳刚刚落下,月亮刚刚升起之时;又终于月亮落下,太阳升起之时。在小虎被打、离家出走的讲述中,穿插着小虎答应小珍上树采摘,树枝砸中小珍,小虎被众人暴打的情节描述。变了形的月亮参与了叙事,映衬并渲染了小虎的悲惨遭遇。修辞性语境差可能出现在上下文、时间、空间、目的、对象、背景等语境因素之间,在文学语言中呈现丰富多彩的形式、内容及修辞效果。如前所述,作者为了适应语境,修改词语。同样,为了加强表达效果,还可能将原本正常搭配的语词改为不宜搭配的。如钱锺书《围城》:"明天早上,辛楣和李梅亭吃几颗疲乏(还潮)的花生米,灌半壶冷淡(隔夜)的茶,同出门找本地教育机关去了。""还潮"与"花生米"、"隔夜"与"茶"属于正常搭配,作者却改为了本不搭配的"疲乏""冷淡",把原本形容人的词语用来修饰物,使物的状态形象具体可感、生动有趣。

修辞性语境差是对语境适应的表层背离,却又是一种深层的适应。语境背离只是语境差的表层现象,在对某个语境因素的背离中,隐含着对其他语境因素的适应,就这一意义而言,语境差也是一种语境适应,是较之表层适应更为复杂的深层适应。这一适应体现在修辞性上,这是语境差的深层性特征。王蒙《三人行,必有吾师》写张、王、李、赵诸先生青年时代的学医设想,以及三十年后的不同成就。仅以王先生为例,他"三十年研究人是否要吃饭,力主人皆吃饭说"。这样一个人体基本常识,却涉及"细胞学、经络学、穴位学、气血学、阴阳学、生物化学、生物电学、生物时钟学、生物放射学、特异功能学、儿科学、妇科学、老年学、公共卫生学、保健学、美容学、性学、自然哲学、饮食文化学、中华粥学、比较食品学……"诸多学科,使他"成为人体医学基础学科的代表人物,获各种头衔三十三个"。不言而喻,没有研究价值的研究目标和三十年的研究时间、研究的多学科以及所获得的荣誉构成了极大的语境差异。在这些语境差的深层,却有着对这类不学无术、浪费资源却从中获利的"专家"的嘲讽。加之小说中这些现代人物说着文白交织的话语:"或曰,三人行,必有吾师。今我辈同学攻读人体医学,功课如山,图表如磐,数字如长龙,药剂如雪片,而定理如大江流日夜。逝者如斯夫,未尝舍你我也。如此下去学未竟而发苍苍而目茫茫,而牙齿动摇。何年何月方能出人头地,何年何月方能名扬四海,何年何月方能跻身某级某职某待遇之林?"不伦不类的言语表达与说话者又是一种古今时空差异。层层语境差以荒谬无稽的大杂烩形式表现了这些人不学无术、沽名钓誉的嘴脸,与描写对象相吻合,体现了辛辣的嘲讽意味。再如王蒙《不如酸辣汤及其他》,烹调学教授O博士品尝了冰激凌后说:"缺乏酸辣汤的味儿!"吃了鱼香肉丝后说:"一点也不清爽!"吃了拔丝苹果后说:"缺乏动物性蛋白质!"吃了红烧海参后说:"比老豆腐贵得太多!"喝完豆汁后说:"哪里比得上茅台酒!"吃完涮羊肉后大发雷霆地质问:"为什么不把它做成冷食呢?"O博士的身份与他对食物的无知评价形成了语境差,对食物的评价与食物的特点也形成了语境差。这一类专家仗着身份自以为是,颐指气使,自认为高人一等的表象中隐含着愚蠢荒唐。语境差将其无知可笑暴露出来,体现了作者的冷嘲热讽。

二　变异修辞

变异修辞指突破语言规律,以陌生化获得强烈效果的修辞现象。20世纪80年代,随着改革开放,文学语言出现了被称为"狂欢"的变异现象。鲁枢元在《超越语言:文学言语学刍议》[①]中以王蒙《春之声》为语言狂欢的先锋,认为打破语言规律的"狂欢",形成了当代文学语言的突出特征。语言有语音、语义、语法三要素,构成了语言的三个子系统,变异就表现在这三个子系统中。

(一)语音变异

语音变异打破了语音规律,比如违反了声韵调音准规律,把音读错;违反了语调规律,特别是语音停顿,该停的不停,不该停的停;等等。作为修辞现象,这些违反在对规律的颠覆中,蕴含着修辞价值。

违反音准规律称为"讹读",常常用于表现说话者对事物的认知,文化水平等。如老舍《龙须沟》中,娘子批评王大妈:"对街面儿上的事,您太不积极啦!"王大妈回答说:"什么鸡极鸭极的,反正我沉得住气,不乱捧场,不多招事。""鸡极"与"积极"

---

① 鲁枢元《超越语言:文学言语学刍议》,(北京)中国社会科学出版社,1990年。

虽谐音,但义不同,仿"鸡极"又生造出"鸭极",更显王大妈的无知可笑。再如:

  "欧阳先生!"欧阳天风刚进天台公寓的大门,李顺大惊小怪的喊:"欧阳先生!可了不得啦!市政局下了什么'坏人状',武先生作了官啦!"

  "委任状大概是?"欧阳天风心中一动,却还镇静着问:"他补的是什么官,知道不知道?"

  "官大多了!什么'见着就磕'的委员哪!"

  "建筑科,是不是?"

  "正对!就是!喝!武先生乐得直打蹦,赵先生也笑得把屋里的电灯罩儿打碎!

老舍《赵子曰》

"坏人状"是对"委任状"的误解讹读,"见着就磕"是对"建筑科"的讹读。这体现了李顺地位卑贱,文化水平不高。讹读有时出现在孩子口中,这时更多的是表现无知中的可爱。老舍《当幽默变成油抹》写小二、小三两个孩子对"这几天爸常拿着那么一薄本米色皮的小书喊幽默"大为不解,将"幽默"听成了"油抹",由"油抹"产生联想:"可是油抹有什么可笑呢?小三不是为把油抹在袖口上挨过一顿打吗!大人油抹就不挨打而嘻嘻,不公道!"并对爸爸看着书喊"幽默"而非像自己一样,把油墨抹到脸上的真"油抹"感到愤愤不平:"爸是假装油抹,咱们才是真油抹呢!"将"幽默"讹读成"油抹",进而影响词义的理解贯穿了整篇文章,加之爸爸念的"子路"被小三听成了"紫鹿"等,与其说表现了孩子的无知,不如说展现了孩子的天真幼稚可爱。

违反音准规律所造成的讹读,有时是以不同语言翻译的形式出现的。如:

①柏杨先生去拜访朋友(几乎每一次都是借钱),进得客厅,迎面而立的准是一个酒柜。客气一点的,酒柜则放在左右两厢。上面摆着写满了英文的"喂死剂""白烂弟""拿破轮",把人看得如醉如痴。好容易坐定,左张右望,不但没有一本书,连一份报也没有。

柏杨《借书不还,天打雷劈》

②"爷私!欧琴哈喇子淆!他大姨妈思密达!"白谷狗兴奋得一口气说了好几门子外语……

徐坤《地球好身影》

③"那也不能从恁高的舞台缝里给推下去啊!摔完还得鼻青脸肿爬上来,单腿点地一瘸一拐绕场蹦跶,嘴里唱什么鸟叔《江南死大了》……"

"不是'江南死大了',是《江南style》,我纠正我娘……

徐坤《地球好身影》

例①"喂死剂""白烂弟""拿破轮"都是英译外来词,但借音的汉字却违反了约定俗成的翻译,显得可笑。例②白谷狗开心理诊所,实为商业行骗,借诊疗性侵女性。这是他与前去看病的小鹭鸶的对话,与文本对充满铜臭色彩的"地球好身影"比赛闹剧的嘲讽相融合。例③中,娘是小地方妇女,将"江南style"误读成"江南死大了",也与文本调侃的闹剧相融合。

讹读有时还以地域方言的形式体现了地方特色,如郁达夫《故都的秋》中,描绘北方人的秋季问候:

着着很厚的青布单衣或夹袄的都市闲人,咬着烟管,在

雨后的斜桥影里,上桥头树底下去一立,遇见熟人,便会用了缓慢悠闲的声调,微叹着互答着说:

"唉,天可真凉了——"(这了字念得很高,拖得很长。)

"可不是么?一层秋雨一层凉了!"

北方人念阵字,总老像是层字,平平仄仄起来,这念错的歧韵,倒来得正好。

将"阵"念为"层",违反了音准规律,句末语气词"了"本应读轻声,却"念得很高,拖得很长",将北方人的语气语调惟妙惟肖地体现出来,所摹绘的声音体现了地域特色。

讹读可能是说话者有意的,也可能是说话者无意的。就作者而言,通过人物的讹读实录人物话语,则使讹读带有了修辞性。李晓《继续操练》以诙谐调侃的语言风格描述了围绕披露导师剽窃学生论文一事的较量。报社记者小李(文本中的"我")与侯老师见面时,侯老师已经不记得这个学生了,可故作"记得"状,这一"记得"却在"小倪同学""小余同学""小黎同学""老李"等称呼的错乱转换中,在"我"多次"小李""木子李"的纠正中,一错再错。从而揭露了侯老师的虚伪,嘲讽了这个迂腐而又喜欢搬弄是非的"教书匠"。会面结束的场景是:"我让侯兄叫了我三声老李,才满足了他的好奇心。说完我拔腿便走,把他丢在原地,激动得满面放光,浑身打战。要是我算得不错,我的调查可以到此为止了,从今天起,所有我想见的人,都会自己跑来找我的。""我"要通过侯老师达到将老师剽窃学生论文一事传播开去的目的就此达成。

违反语音停顿是对语音规律颠覆的典型体现,是文学语言特别是小说中常见的表现手法。20世纪80年代,随着文学语言打破规律的"狂欢",曾经出现整段文字,甚至整篇小说无标点的现象,被称为"无标点文字",在修辞学界展开了热烈的讨论。虽然这一讨论没有以某一方胜利告终,但文学语言的表现已分出了胜负。现在基本上看不到一篇小说从头到尾无标点的现象,但整段文字无标点,在王蒙、莫言、苏童、徐坤等作家笔下,还常可见到。或表现人物口吻,或表现人物心理,或表现叙事对象,凡此种种,有着突出的修辞效果。如苏童《1934年的逃亡》中,有多处人物话语的无标点停顿,将人物话语内容、口吻表现得惟妙惟肖。一是祖父陈宝年"曾经把他妹妹凤子跟陈文治换了十亩水田",从此"凤子仿佛一片美丽绝伦的叶子掉下我们家枝繁叶茂的老树化成淤泥"。她给陈文治当了两年小妾,生下三名畸形的男婴,先后被埋在竹园里。此事震惊了整个枫杨树乡村,凤子终日在陈家竹园里哀哭,后来便开始发疯地摇撼每一棵竹子,破坏竹园。十七岁的陈宝年站在竹园外的石磨上,"他一直拼命跺着脚朝他妹妹叫喊凤子你别毁竹子你千万别毁陈家的竹子。他不敢跑到凤子跟前去拦,只是站在石磨上忍着春寒喊凤子亲妹妹别毁竹子啦哥哥是猪是狗良心掉到尿泡里了你不要再毁竹子呀"。不间断的语流,表现了喊话人意图阻止的急切心情,内含着自我悔恨。再如蒋氏让儿子狗崽拾狗粪挣钱,承诺赚来的钱为他买一双胶鞋暖脚。"对一双胶鞋的幻想使狗崽的一九三四年过得忙碌而又充实",他"卖狗粪得到的铜板没有交给蒋氏而放进一只木匣子里"。木匣子不见后,狗崽以为被家人偷了,不再拾狗粪,蒋氏愤怒,"突然扑过去揪住了狗崽的头发说你过来你摸摸娘肚里七个月的弟弟娘不要他了省下钱给你买胶鞋你把拳头攥紧来朝娘肚子上狠狠地打狠狠地打呀"。叫骂的话语，以无标点停顿表现出来，表现了蒋氏对狗崽不干活无以养家的气愤。陈玉金女人追赶弃家进城的丈夫时"沙哑的雷雨般的倾诉声"也是以无间隔形式体现的："她说你这糊涂虫到城里谁给你做饭谁给你洗衣谁给你操你不要我还要呢你放手我砍了你手指让你到城里做竹器。"女人不间断的叫骂，体现了反对的决绝，由此也给自己带来杀身之祸——被陈玉金砍死。苏童《妻妾成群》中，三太太梅珊对颂莲诉说自己和二太太一同生孩子的情景："梅珊说我跟卓云差不多一起怀孕的我三个月的时候她差人在我的煎药里放了泻胎药结果我命大胎儿没掉下来后来我们差不多同时临盆她又想先生孩子就花很多钱打外国催产针把阴道都撑破了结果还是我命大我先生了飞澜是个男的她竹篮打水一场空生了忆容不过是个小贱货还比飞澜晚了三个钟头呢。"不间断的语流，表现了获胜的梅珊如数家珍般的得意心理。王蒙《坚硬的稀粥》仅下面一段文字就有多处无标点：

> 言者为之动火，听者为之动容。我一则以惊，一则以喜，一则以惧。惊喜的是不知不觉之中儿子不但不再穿开裆裤不再叫我去给他擦屁股而且积累了这么多学问，更新了这么大的观念，提出了这么犀利的见解，抓住了这么关键的要害真是天若有情天亦老，人间正道是儿强！真是身在稀粥咸菜，胸怀黄油火腿，吞吐现代化之八方风云，覆盖世界性之四维空间，着实是后生可畏，世界归根结底是他们的。惧的是小子两片嘴皮子一沾就把积弊时弊抨击了个落花流水，赵括谈兵，马谡守亭，言过其实，大而无当，清谈误家，终无实用。积我近半个世纪之经验，凡把严重的大问题说得小葱拌豆腐一青二白千军万马中取敌将首级如探囊取

物易如掌都不用翻者,早晚会在亢奋劲儿过去以后患阳痿症的!

小说描述了一场家庭膳食改革的闹剧,"我"是家庭的第二代,又是故事讲述者。这段文字是"我"对儿子提倡膳食改革的看法,多处无标点,既表现了说话者的口吻,又体现了作者的调侃,与全文诙谐反讽风格融为一体。

(二)词语和词义变异

词语和词义变异是打破词语形式、语义等约定俗成的规则,在特定语境中临时变更词语形式,颠覆词语原有的语义,改变词语的搭配对象等,达到修辞效果。

在特定语境中,临时变更词语形式,如同音替换,离合拆词等,在改变词语形式的同时也改变了词义。老舍《断魂枪》中,身怀绝技"五虎断魂枪"的镖师沙子龙坚决不传授技艺,面对徒弟们的讨教,以玩笑话掩饰过去:"教什么?拿开水浇吧!""浇"与"教"同音,但语义却改变了。改变了字形,也改变了"教学"之意。这一调侃弟子不解却无奈。在特定的语境中临时将词语形式变更,从而引起词义改变的形式是多样的,将原来不能拆解的词语拆分离合,也是改变了词语形式。汉语中有一类词叫离合词,指的是词语可分可合的现象。如"开会"可说"开了个会","洗澡"可说"洗了个澡"。但不是所有词都能离合,如"讨论"就不能离合为"讨了个论","震惊"不能离合为"震了个惊"。而修辞意义上的离合,则将原本不能拆分的词语临时拆分,称为"离合"修辞格。如徐坤《先锋》中的"这也先锋那也先锋,都先锋了,还先个什么锋!""什么都先锋什么都先不了锋",通过词语的离合,嘲讽了20世纪80年代泛滥在中国艺术界的先锋画家,折射出特定年代的艺术乱象。徐坤犀利的调侃和讽刺经常利用词语离合表现出来,有时将成语拆分,如《先锋》中"鸡皮和鸭皮也给叫得惶惶不安,总觉得自己从小到大没下出过什么真格儿的蛋,没能正儿八经地标一把新立一回异";《热狗》中"想想,自己不也曾站在16层的窗口上,遥望着巧克力大厦浮想并联翩吗?"成语"标新立异""浮想联翩"的离合,以对成语固定格式的破解表现了对人物的嘲讽。钱锺书的《围城》中也有多处离合现象,不但将词语拆分,而且在其中插入其他词语,增强了形象感。如方鸿渐与鲍小姐的"一夜情"被舱房侍者阿刘发现,借捡到的鲍小姐发钗向他们索要小费,"出了餐室,方鸿渐抱着歉把发钗还给鲍小姐"。将"抱歉"拆开,插入动态助词"着",表示动作持续,使方鸿渐的动作心态都得到形象的展现,这是"抱歉地"所无法表达的。再如,在三闾大学导师制讨论会上,部视学发言,"先讲了十分钟冠冕堂皇的话,平均每分钟一句半'兄弟在英国的时候'"。他讲完退席后,"听众喉咙里忍住的大小咳嗽全放出来,此作彼继。在一般集会上,静默三分钟后和主席报告后,照例有这么一阵咳嗽。大家咳几声例嗽之外,还换了较舒适的坐态"。将"咳嗽"拆开,插入"例"字,与其说嘲笑咳嗽者,不如说嘲讽报告者。空洞无物的报告让听众忍无可忍,此处的咳嗽已从生理现象转化为心理现象,形象表现了听众难以忍受报告,借咳嗽加以表达的一种发泄。将"咳嗽"一词离合,插入"例"字,与前面的"照例"相照应,调侃咳嗽所表现的心理现象。

离合还可以借调整语序改变词义,这是建立在语序变更基础上的离合。如《围城》:"好几个拿了介绍信来见的人,履历上写着在外国'讲学'多次,高松年自己在欧洲一个小国里读过书,知道往往自以为讲学,听众以为他在学讲——讲不来外国话借此学学。"这既是对求职人的嘲讽,也捎带一枪,对三闾大学校长高松年的不学无术进行了嘲讽。再如,方鸿渐一行人到三闾大学求职途中路过的"直到现在欧洲人没来住过"的"欧亚大旅社",对老板娘的描绘:"掌柜写账的桌子边坐个胖女人,坦白地摊开白而不坦的胸膛,喂孩子吃奶。""白而不坦"承前面的"坦白"而来,颠倒了语序后又将其拆开,表现了对老板娘的调侃和嘲讽。

在特定语境中改变词语的搭配组合意味着词义的改变,也是常见的词语变异表现。李晓《继续操练》中,"操练"用的尽不是地方。如:

① 这几年来,我越来越觉得自己进中文系是误入歧途,每天听老师摇头晃脑地操练汉赋唐诗宋词元曲创造社太阳社的文艺主张,看左右前后的老头老太太小公鸡小母鸡摇头晃脑地发出会心的微笑,而自己却莫名其妙,那种滋味,换个神经脆弱些的小子早就自杀了。

② 我穷于应对,四年里攒下的那些格言和貌似格言的陈词滥调一掏干净,最后把"螳螂捕蝉黄雀在后"之类的屁话都操练上了,也没管它是不是吉利。

③ 老实说,在华大四年,一千五百天,凑在一起都没有那么多教师和我面对面地操练过。

④ "是啊。你们这批学生给我留下的印象很深,我还

记得你交的考查论文呢,写得很有新意,很有见解,我曾想过推荐给学报发表。"

"您过奖,"我操练起天真无邪的笑容,"您是让我补考了,说要依着您的本意,连补考都不想给我及格。"

⑤头几个回合,四眼操练的不错,防守严密,还抽空回记冷拳,逼得教授倒退几步。

⑥进门时,有个念头不知怎么钻进我脑袋,要是将来能有些小权,我一定要在这门上安块铭牌,铜的铁的大理石的三夹板的都行,上面写:四眼与黄鱼,曾操练于此,并于此再度携手,继续操练。

按照"操练"原有的词义,本应用在军事或体育方面,而小说文本中的"操练"显然大大超越了原有的词义。例①用于老师上课,例②用于毕业留言,例③用于师生交谈,例④用于笑容,例⑤用于论文答辩,例⑥涵盖面宽,实际上是对整个故事事件的概括。故事源于某高校中文系,因争夺系主任位置,研究生四眼在被李教授灌醉及挑唆下,跑到某小报找同学小李(外号黄鱼),要在报纸上披露导师王教授剽窃他的论文。由此发端,中文系的各派老师纷纷找记者小李,有的要"火上浇油",有的要"釜底抽薪",引发了人与人之间的较量。为利益不择手段,虚伪阴险奸诈,人世间的丑陋在此事件中得以揭露展现。因此,例⑥的"操练"应该指的是社会人事的竞争较量。"操练"在一个文本中有这么多超越词本义的运用,如此出格又如此自如。在对词义的变异中体现出浓郁的幽默调侃意味,与全文嬉笑怒骂皆成文章的语言风格相吻合。再如,中文系新当选的系主任李教授想和"我"聊聊,派来崭新的丰田汽车接人。"我想这可能是我毕生事业的最高峰了,便用指甲刀在车座套上划了道口子,以表到此一游之意。"恶作剧既展现了人物形象,又体现了全文嬉笑怒骂的调侃风格,与"操练"风格相呼应,嘲讽调侃溢于言表。

词义的改变有时是以改变词语感情色彩的形式出现的,这种改变特别有赖于语境的参与。韩寒《一座城池》中有这样一段描述:

> 我们开车出发,经过表面繁荣的工业区。一座座巨大的工厂分布在路的两边,巨大的烟囱排出五颜六色的气体,将天空点缀得如节日般喜庆。工厂排出的彩色的水让周围的河道也绚丽缤纷,和天空相映成趣,鱼儿纷纷欣喜地浮出水面感受改革开放的春风,空气的味道都和别的地方不一样。在四车道的大路上,卡车欢快地直冒黑烟,运输着生产的物质,轿车也欢快地拉着警报,载着来视察的领导。这是一派欣欣向荣的景象。

"表面繁荣"掩盖下的是工业区的严重污染,"五颜六色""如节日般喜庆""绚丽缤纷""相映成趣""欣喜""改革开放的春风""欢快""欣欣向荣"这些词语原带有褒义色彩,此处却是作为严重环境污染的写照,在特定语境中改变了词语的色彩义,嘲讽了工业繁荣表象下掩盖的环境污染。再如莫言《红高粱家族》中描述狗与人的一场恶战,对猛扑向人的恶狗用了一些优美的词语:"它回头,龇出尖利的牙齿,对着惶惶不安的众狗尖利地嘶叫一声,然后一狗当前,群狗奔腾,像一团光滑的、贴地飞行的斑斓云朵,涌到了我父亲他们的掩体后边。""一对对狗眼,像熟透的红樱桃。""狗体在空中舒展开,借着银灰色的天光,亮出狗中领袖的漂亮弧线。""斑斓云朵""红樱桃""漂亮弧线"等美好的描写,与恶狗的凶残构成了反差,使人狗恶战充满了魔幻色彩,从而体现了莫言特有的风格。

改变词义有时是原义与改义并用。鲁迅《病后杂谈》中写道:"书要摆在书架上,或者抛几本在地板上,酒杯要摆在桌子上,但算盘却要收在抽屉里,或者最好是在肚子里。""算盘"在此一语双关,"收在抽屉里"的是算账工具,"在肚子里"的则指心机。两种意义同时出现在一个语境中。

在特定语境中改变词义,既可能表现在使用中,也可能表现在释义中。徐坤《先锋》中有一段记者与先锋画家的对话:

记者:"请谈谈当'先锋'的感觉……"

撒旦:"我傻蛋连撒旦都当了,还在乎当个先锋吗?"

记者穷追不舍:"不要这么简约,请再具体说说。"

撒旦:"已经再具体不过了。先锋就是存在,就是我的红卫兵时代,就是人或者牛,就是行走。"

鸡皮:"先锋就是进口超重低音音响,可接CD唱盘,卡拉OK功能完美齐全。"

鸭皮:"先锋就是国产特效消炎药,头孢氨苄特糖衣片,Ⅰ号、Ⅱ号、Ⅲ号、Ⅳ号、Ⅴ号、Ⅵ号,败火祛痰。"

屁特:"先锋就是赛场上永远打前场的。我想操谁就操谁。"

这是"废墟画派"成员对"先锋"的解释。"先锋"原指行军或作战时的先遣将领或先头部队,引申义为起带头作用的人或集体。但在画家们的解释中,无论原义还是引申义都被颠覆,转换为以"先锋"命名的事物,甚至抽象的非事物的"存在""红卫兵时代""行走"。这样的解释荒诞无稽,表现了这些画家打着"先锋"旗号,实则不学无术,玷污艺术。与小说中对这一伙画家上蹿下跳的描写相照应:"那时候,这座城市的大马路和小胡同里,各种各样的艺术家像灰尘一般一粒粒地漂浮着。1985年夏末的局面就是城市上空艺术家密布成灾。他们严重妨碍了冷热空气的基本对流,使那个夏季滴水未落。"这个画派源于废墟,又终结于废墟。"废墟成为一种象征和隐喻,昭示着一种古老而又永恒的命题。""废墟画派"鼓噪一时,终将没落。如果说,这里的画家们对"先锋"的解释源于其无知荒谬,那么有时对词义的别解则是表达者有意为之。韩寒《光荣日》中嘲讽孔雀镇的新城建设,对"拔地而起"的解释是:"在规划中,当然,也仅仅是在规划中,亚洲最大的超市,中国最大的菜市场,省城最大的娱乐城,在未来的五年里——这五年是距离单位,也就是五光年——将拔地而起。'拔地而起'是相当正确的,先把农民地里的庄稼拔了,这就是'拔地'。至于能不能'而起',就要先看被赶到经济适用房的农民会不会因为这个而起义。""拔地而起"由固定短语分解为两个词,分开解释改变了原有的词义,嘲讽了地方政府"把包二奶的那一套运用到了城市建设上"的短视行为。韩寒《一座城池》中描述朋友爱上了传言中患有盆腔炎且做过流产手术的女生,为了不让朋友伤心,"我"解释道:"流产,就是因为流行性感冒而产生的后遗症,盆腔炎就是其中一种。"这一解释显然是荒谬的,但在特定语境中却有了"善意的谎言"的意味。鲁迅《安贫乐道法》中写道:"还有一种是极其彻底的:说是大热天气,阔人还忙于应酬,汗流浃背,穷人却挟了一条破席,铺在路上,脱衣服,浴凉风,这叫作'席卷天下'。"这是对劝人"安贫乐道"的嘲讽。鲁迅认为,"劝人安贫乐道是古今治国平天下的大经络,开过的方子也很多,但都没有十全大补的功效"。上述"安贫乐道法"可谓"妙方":"这也是一张少见的富有诗趣的药方,不过也有煞风景在后面。快要秋凉了,一早到马路上去走走,看见手捧肚子,口吐黄水的就是那些'席卷天下'的前任活神仙。"由此可见,"席卷天下"的解释是荒谬的。

另外,对词义的别解中常常带有感情色彩的变更。比如钱锺书《围城》中对高校长的描写:"高松年身为校长,对学校里三院十系的学问,样样都通——这个'通'就像'火车畅通''肠胃畅通'的'通',几句门面话,从耳朵里进去通到嘴里出来,一点不在脑里停留。""通"是多义词,"学问通"的"通"本应是"精通"之义,此处却转化为"畅通"之义。歪解特定语境中的词义,嘲讽意味在歪解中自然体现出来。

(三)语法变异

汉语语法变异主要表现为语法功能的变异。语法功能包括组合功能和句法功能。语法变异就体现在对语法组合功能或句法功能的颠覆之中。

语法的组合功能或句法功能是由词义、词性等决定的。词与词的组合取决于词义所反映的客观现实,语言使用的约定俗成,词与词搭配的语法关系。如"吃面包喝牛奶","吃"的对象是固体的,"喝"的对象是液体的。如果说成"吃牛奶喝面包"就打破了约定俗成的组合关系。汉语程度副词一般只能与形容词及表示心理活动的动词组合,不与名词组合,可以说"很美丽""很想念",但不说"很桌子""很面包",因为它打破了汉语的语法习惯。但在特定的语境中,却出现了为修辞效果而突破语法组合关系的现象。张艺谋导演的2008年北京奥运会开幕式震惊了全球,博得广泛好评。当时"人民网"上有一个评价:"很美丽很中国。""很中国"突破了语法组合规则,却概括了这场晚会体现出的中国元素、中国特色。突破组合规则的语言使用,在文学作品中大量存在,如莫言《枯河》描述了一个不健全的孩子小虎从树上跌落,撞坏了村支书的女儿小珍后,遭受村支书及其家人毒打,离家出走最终死亡的悲剧。为了与故事的整体悲剧色彩相融合,小说中出现了多处违反语法关系的描写:

① 几颗瘦小的星斗在日月之间暂时地放出苍白的光芒。

② 村子里一声瘦弱的鸡鸣把他从迷蒙中唤醒。

③ 但他马上就看到了女孩躺在树枝下,黑黑的眼睛半睁半闭,一缕蓝色的血顺着她的嘴角慢慢地往下流。

④ 他看到父亲满眼都是绿色的眼泪,脖子上的血管像绿虫子一样蠕动着。

例①用"瘦小"修饰"星斗",用"苍白"修饰"光芒",是定中搭配不当;例②用"瘦弱"修饰"鸡鸣",一视觉形象,一听觉形象,也是定中搭配不当;例③例④都是小虎撞伤小珍后的视觉所见,"蓝色的血""绿色的眼泪",色彩与所修饰的对象也都形成了搭配不当。这是在小虎眼中的色彩变异,身心遭受重创的小虎神志已不清晰,视觉感官也产生了变异。例①②的景物描写也带上了小虎的感觉色彩,景物随之变形。这些组合变异将小虎的精神状态、恶劣处境、命运走向都形象地呈现了出来。

语法变异是文学语言的特色,在作家笔下大量呈现。组合

关系、句法关系的变异多彩纷繁,除了上述修饰与修饰形成错位搭配外,还有主谓、动宾等关系搭配错位造成的句法变异。如:

① 但是寻了个低三下四的职业,就失却了淑女的身份。那身份,食之无味,弃之可惜。

张爱玲《倾城之恋》

② 是一个阴天。太阳光也没劲,不足18K的样子。天空和当爹的身体一样,贮满了沉重与浑浊的胶状物质。

毕飞宇《8床》

③ 大喜的日子文廷生请来了旧日鲥鳞会的所有旧部。雷公嘴如一尊朽木蹲在客席的主位。他的八寸长的目光在他的鼻尖上交叉扫射,八寸之处依然看得清晰目光上面的刀砍痕迹。

毕飞宇《孤岛》

例①"身份"并非食物,却与"食之无味,弃之可惜"搭配。这种主谓搭配不当,却使"身份"有了形象感。例②"18K"原是黄金成色计量,此处与"太阳光"搭配,加之"天空"和"贮满了沉重与浑浊的胶状物质"搭配,都构成了主谓搭配不当,却将太阳光不足,空气混浊表现得具体可感,富有调侃情趣。当然,写天空景象是为了衬托人。其后描述,当爹的因女儿出国考察而无人照顾,也因为"这个城市是当爹的亲手解放的,他哪里没去过?就是没住过医院。医院是他心中渴望已久的圣殿,是他的欧罗巴大陆,许多人都住过了,他怎么能不住呢",而决定"居住或下榻在医院里"。但医院的环境却使原本"健康没有问题"的他,"气浮心虚,眼皮和脚背好像全肿了,体内贮满了一种胶状物质,又沉重又浑浊"。自然景象与身体状况相照应。例③用有形的计量"八寸长"来修饰无形的"目光",是定中搭配不当;"八寸长的目光"与"在他的鼻尖上交叉扫射"又是主谓搭配不当。在违反语法搭配规律的形式中,把雷公嘴的目光短浅却极具杀伤力的特点形象地表现出来,其中,还隐含着雷公嘴和文廷生之间的尖锐矛盾。语法搭配关系不当,有时表现为顾此失彼,如张爱玲《红玫瑰与白玫瑰》写道:"无数的烦忧与责任与蚊子一同嗡嗡飞绕叮他吮吸他。""蚊子"可以"嗡嗡飞绕叮他吮吸他",抽象的"无数的烦忧与责任"本不能与"嗡嗡飞绕叮他吮吸他"搭配,但却与"蚊子"构成并列关系,共同作为"一同嗡嗡飞绕叮他吮吸他"的主语。由此将振保一边宿娼,一边"觉得他旧日的善良的空气一点一点偷着走近,包围了他"的矛盾心理表现得淋漓尽致,饶有趣味。内心世界的矛盾决定了振保一生的悲剧,从他待人接物的行为中体现出来。

(四)逻辑变异

逻辑变异即在特定语境中,为了达到修辞效果,有意违反逻辑规律,以荒诞展示作者的话语目的。

同一律是形式逻辑的基本规律之一,要求在同一意义上使用概念和判断。这一规律反映在语言上则是语言形式与内容的约定俗成,但有时为了达到修辞目的,则出现了语言符号形式和意义的不对等,违反了现实基本规律,甚至有意混淆或偷换概念,造成了对同一律的突破。如:

①现如今的种种刑法和刑罚,都是他老人家制定的。

据俺的师傅余姥姥说,祖师爷杀人根本不用刀,只用眼,盯着那犯人的脖子,轻轻地一转,一颗人头就会落到地上。

莫言《檀香刑》

②父亲这辈子对他在娘腹中遭受的三拳念念不忘。他也许一直仇恨已故的兄长狗崽。从一九三四年一月到十月,我父亲和土地下的竹笋一样负重成长,跃跃欲试跳出母腹。

苏童《1934年的逃亡》

例①"杀人根本不用刀,只用眼",显然违背了杀人工具的客观性,由此出现的后果"盯着那犯人的脖子,轻轻地一转,一颗人头就会落到地上"也是荒谬的。在这一描述中,"眼"的概念义被替换了,带有了"杀人"的功能。夸张地表现了祖师爷作为刽子手的凶狠毒辣。例②父亲在娘腹中曾遭受兄长狗崽的三拳,但作为胎儿,不可能知道此事,更不可能"念念不忘"。"我父亲""负重成长,跃跃欲试跳出母腹",也有违胎儿的认知和行为。这一描写违反了客观现实的真实性,语句表述也违反了同一律,却将父亲未出生前的情景表现得具有神奇的魔幻色彩。

违反了同一律的语言表述,有时在上下文照应中体现出来。钱锺书《围城》中描写方鸿渐赴韩学愈家宴后归来,赵辛楣酸溜溜地调侃方鸿渐:"辛楣因为韩学愈没请自己,独吃了一客又冷又硬的包饭,这吃到的饭在胃里作酸,这没吃到的饭在心里作酸,说:'国际贵宾回来了!饭吃得好呀?是中国菜还是西洋菜?洋太太招待得好不好?'""吃到的饭在胃里作酸"是正常的,"没吃到的饭在心里作酸"则违反了同一律。非现实的"没吃到的饭",如何"在心里作酸"?此处的"饭"承前而来,却非前面的"饭",但有同样"酸"的感觉。当然,此"酸"与彼"酸"

不同。从"酸"的不同场所"胃里"和"心里",读者感受了"酸"的不同语义,前者为"酸"的基本义,后者为"酸"的引申义。违反了同一律的词语联结,将赵辛楣的羡慕嫉妒等复杂情感形象地表现出来了。

矛盾律也是逻辑语义的基本规律之一,要求语言关联具有协调性,不出现自相矛盾。但有时修辞却有意违反矛盾律,以体现某种深刻内涵。钱锺书《围城》有一段文字描写汪处厚等人吹嘘从前的辉煌:"这算得什么呢!我有点东西,这一次全丢了。两位没看见我南京的房子——房子总算没给日本人烧掉,里面的收藏陈设都不知下落了。"在这一洋洋得意的吹嘘之后,作者评述:"这次兵灾当然使许多有钱、有房子的人流落做穷光蛋,同时也让不知多少穷光蛋有机会追溯自己为过去的富翁。日本人烧了许多空中楼阁的房子,占领了许多乌托邦的产业,破坏了许多单相思的姻缘。""空中楼阁的房子""乌托邦的产业""单相思的姻缘",修饰语与被修饰语是自相矛盾的,而这一矛盾中又隐含着对逻辑同一律的背离。因为从前的富有辉煌子虚乌有,是编造出来的,这就是对前面这次兵灾"也让不知多少穷光蛋有机会追溯自己为过去的富翁"的诠释。作者进而以陆子潇、李梅亭等人的吹嘘加强讽刺意味:"譬如陆子潇就常常流露出来,战前有两三个女人抢着嫁他,'现在当然谈不到了!'李梅亭在上海闸北,忽然补筑一所洋房,如今呢?可惜得很!该死的日本人放火烧了,损失简直没法估计。方鸿渐也把沦陷的故乡里那所老宅放大了好几倍,妙在房子扩充而并不会侵略邻舍的地。赵辛楣住在租界里,不能变房子的戏法,自信一表人才,不必惆怅从前有多少女人看中他,只说假如战争不发生,他的官还可以做下去——不,做上去。""补筑""放大""做上去"等动词,与"损失简直没法估计""妙在房子扩充而并不会侵略邻舍的地""不能变房子的戏法"等语句互相呼应,突出体现了谎言的荒谬怪诞,在充满矛盾的描述中嘲讽了"让不知多少穷光蛋有机会追溯自己为过去的富翁"一众人的虚伪。违反矛盾律有时以与事物相悖反的现象呈现。《围城》中对方鸿渐与鲍小姐下船休息,到饭馆吃饭时的遭遇描写是这样的:"找了一家门面还像样的西菜馆,谁知道从冷盘到咖啡,没有一样东西可口:上来的汤是凉的,冰淇淋倒是热的;鱼像海军陆战队,已登陆了好几天;肉像潜水艇士兵,会长期伏在水里;除醋以外,面包、牛油、红酒无一不酸。"该热的却凉,该凉的却热,该酸的不酸,不该酸的却酸。这些违背了事物常理的饭食现象,使食物的本来特征与西菜馆现实的菜肴食物形成矛盾对立,夸张而形象地再现了饭菜之低劣。

因果律(生成的充足理由律)也是形式逻辑的基本规律之一,要求逻辑推理遵循事物内在的充足理由,符合事理逻辑关系。但在特定的语境中,语言变异有意违反因果律,以强推达到修辞目的。王小波《黄金时代》开篇,陈清扬与"我"讨论"她不是破鞋的问题",虽然"我""可以从逻辑上证明她不是破鞋",但"我偏说,陈清扬就是破鞋,而且这一点毋庸置疑"。于是,为这"毋庸置疑"的"破鞋"推理举证:"至于大家为什么要说你是破鞋,照我看是这样:大家都认为,结了婚的女人不偷汉,就该面色黝黑,乳房下垂。而你脸不黑而且白,乳房不下垂而且高耸,所以你是破鞋。假如你不想当破鞋,就要把脸弄黑,把乳房弄下垂,以后别人就不说你是破鞋。当然这样很吃亏,假如你不想吃亏,就该去偷个汉来。这样你自己也认为自己是个破鞋。别人没有义务先弄明白你是否偷汉再决定是否管你叫破鞋。你倒有义务叫别人无法叫你破鞋。"显然,这一推理是荒谬的,违反了充足理由律。由"面色黝黑,乳房下垂"推出"不偷汉",进而由"脸不黑而且白,乳房不下垂而且高耸"推出"是破鞋",看似不矛盾,但因果的关联是站不住脚的。由此推断出"该去偷个汉来"的结果更是荒谬无稽。小说开篇这荒唐的一幕,为整个文本定下了荒诞的基调,由此展开"文革"那个特定历史时期的思维认识之荒诞。违反充足理由律所构成的推理,在展现荒诞的同时往往隐含着深层的批判。上例以"文革"中混乱的性认识、性恐怖引发的事件为典型,批判了"文革"中思想混乱造成的种种畸形社会现象。王蒙《坚硬的稀粥》描述家庭膳食改革的闹剧,儿子对改革的慷慨陈词中也出现大段违反因果律的话语:

以早餐为例,早晨吃馒头片稀粥咸菜……我的天啊!这难道是20世纪80年代的中华大城市具有中上收入的现代人的早餐? 太可怕了! 太愚昧了! 稀粥咸菜本身就是东亚病夫的象征! 就是慢性自杀! 就是无知! 就是炎黄子孙的耻辱! 就是华夏文明衰落的根源! 就是黄河文明式微的兆征! 如果我们历来早晨不吃稀粥咸菜而吃黄油面包,1840年的鸦片战争,英国能够得胜吗? 1900年的八国联军,西太后至于跑到承德吗? 1931年日本关东军敢于发动"九一八"事变吗? 1937年小鬼子敢发动卢沟桥事变吗? 日本军队打过来,一看,中国人人一嘴的白脱——奶油,他们能不吓得整团整师地休克吗? 如果1949年以后我们的领导及早下决心消灭稀粥咸菜,全国都吃黄油面包外加火腿腊肠鸡蛋酸奶干酪外加果酱蜂蜜朱古力,我国国力、科技、艺术、体育、住房、教育、小汽车人均拥有量不是早就达到世界前列吗？说到底，稀粥咸菜是我们民族不幸的根源，是我们的封建社会超稳定欠发展无进步的根源！彻底消灭稀粥咸菜！稀粥咸菜不消灭中国就没有希望！

以"如果"假设引出的反问句中，隐含着因早晨"吃稀粥咸菜"而导致的种种"民族不幸"，使二者形成因果关系。但这一因果关系显然是荒谬的，违背了充足理由律。缺乏关联的因果以反问句形式出现，由说话者侃侃而谈，带有不可辩驳之意，越发使人觉得可笑，也表现了儿子的偏激、决绝，说服家人之心切。违反因果逻辑事理的话语，以慷慨陈词表达更显荒谬，嘲讽意味明显。

三　文学文体修辞

　　文学文体是修辞现象最突出的言语环境,诗歌、散文、小说、戏剧以大量的修辞手法增强了表达效果。诗歌、散文、小说、戏剧同为文学文体,有着共同的修辞特色,如追求形象性、生动性,以变异造成陌生化的语言个性,增强修辞效果等。但不同的文体,又有着具体的修辞特色。我们对不同文体修辞现象的介绍,主要是突出文体特点,体现具体文体的主要修辞特色。

（一）诗歌修辞

　　著名诗人北岛曾说:"诗歌是什么?诗歌不是逻辑,不是语言游戏;诗歌是石头,毫无声响,偶尔会撞击火花,换句话说,石头沉入海底,却奇迹般建成一座桥。"对诗歌的形象解释,体现了诗歌语言的特点。超越逻辑,超越语言规律,以想象取胜,以形象取胜,出其不意,制造语言奇迹。这些特点,使意象的具象性、情思的委婉性、韵律的吟诵性成为诗歌修辞的要点。

　　意象是客观物象与主观情感的结合体,它以蕴含着主观性的事物形象加以展现。因此,形象感、情意感突出。意象作为美学概念,具有很强的审美价值。舒婷《致橡树》《双桅船》《神女峰》《会唱歌的鸢尾花》中的橡树、双桅船、神女峰、鸢尾花已经超越了客观事物的自然景象,而带上了作者的情感,成为抒发情

感的语言符号。特别是《致橡树》,意象极为丰富:

我如果爱你——
绝不像攀缘的凌霄花,
借你的高枝炫耀自己;
我如果爱你——
绝不学痴情的鸟儿,
为绿荫重复单调的歌曲;
也不止像泉源,
常年送来清凉的慰藉;
也不止像险峰,
增加你的高度,衬托你的威仪。
甚至日光。
甚至春雨。
不,这些都还不够!
我必须是你近旁的一株木棉,
作为树的形象和你站在一起。
根,紧握在地下,
叶,相触在云里。
每一阵风过,
我们都互相致意,
但没有人,
听懂我们的言语。
你有你的铜枝铁干,
像刀,像剑,
也像戟;

我有我红硕的花朵，
像沉重的叹息，
又像英勇的火炬。
我们分担寒潮、风雷、霹雳；
我们共享雾霭、流岚、虹霓。
仿佛永远分离，
却又终身相依。
这才是伟大的爱情，
坚贞就在这里：
爱——
不仅爱你伟岸的身躯，
也爱你坚持的位置，
足下的土地。

"凌霄花""鸟儿""泉源""险峰""日光""春雨"在诗歌中超越了语言符号原来的事物指称，作为女性对男性依附的意象，从多方面被否定。这些否定引出了对"木棉"的肯定意象。"木棉"与"橡树"相对，作为女性与男性的象征，带有各自的特点。"铜枝铁干"表现男性的伟岸刚强，"红硕的花朵"表现女性的艳丽柔美。以"作为树的形象和你站在一起"寓意男女独立平等起始，抒写爱情牵系中双方的相互依托，同担风雨，共享幸福的情感。全诗以多种意象交织，构成意义整体，体现了作者对"伟大的爱情"的认识态度。

　　情思可以说是诗歌的灵魂，缺乏情感的语言不是诗歌只是口号。情思是由语言符号编排组合体现出来的，或爱或恨，或愁或怨，在词间句中流淌而出，构成了诗歌的情感主体。诗歌的情

思往往是含蓄的复杂的,耐人寻味,需要靠读者加入自己的审美体验去品味。如席慕蓉的诗《如果》:

　　四季可以安排得极为黯淡

　　如果太阳愿意

　　人生可以安排得极为寂寞

　　如果爱情愿意

　　我可以永不再现

　　如果你愿意

　　除了对你的思念

　　亲爱的朋友

　　然而

　　我将立即使思念枯萎

　　如果你愿意

　　把每一粒种子都掘起

　　把每一条河流都切断

　　让荒芜干涸延伸到无穷远

　　今生今世

　　除了

　　因落泪而湿润的夜里

　　如果你愿意

诗的主题爱情耶? 友情耶? 以"如果"的假设铺排,爱与悲哀,幸福与痛苦的语词交织着,情感真挚而复杂。它的情思不是单一的,而是多样的,耐人寻味的,读者可以根据自己的阅读体验、情感倾向加以解读。

韵律是诗歌语言突出的形式特点,也是诗歌与其他文体在语言形式上的主要区别。虽然,现代诗歌不像古诗那样讲究严格的韵律,但韵律仍然是诗歌朗朗上口的重要因素。现代诗歌在韵律上的表现主要不在平仄、音节对应,这就为情感抒发提供了自由发挥的空间。现代诗歌在韵律上的追求主要在押韵。押韵指的是诗词曲赋等韵文在句尾用韵腹以下相同或相近的字。所押的韵又叫辙。人们常把"韵""辙"合称为"韵辙"。押韵主要依据的韵部有两种,一是明清以来说唱文学广泛用的"十三辙";一是1941年黎锦熙等编写的《中华新韵》十八韵,五四运动以后的韵文多据此。这两种韵部大同小异,当然,十三辙较十八韵更宽。现代诗歌有的押韵规律性较强,有的押韵较自由。如贺敬之的长诗《桂林山水歌》基本上是每节押韵,节节换韵,从而造成整齐又有变化的韵律美。如我们在第一章"语境与修辞"中所引的几句,第一节"仙""山"押十八韵的"寒"韵(十三辙"言前"),第二节"美""水"押十八韵的"微"韵(十三辙"灰堆"),第三节"重""城"和第四节"城""中"押十八韵的"庚""东"韵(十三辙"中东")。此外,这首诗的各节还以十八韵的"开"韵(十三辙"怀来")、"麻"韵(十三辙"发花")等节内同韵,不同节换韵的形式构成韵律的复沓吟咏,抒发对祖国山河桂林山水的歌颂。现代诗歌更多的是自由抒发而将押韵点缀在诗句中。如舒婷《致橡树》以"i、ü"韵(十八韵"齐""鱼",十三辙"一七")为主,押韵自由灵活,情调舒缓。舒婷《思念》第一节句句押韵,第二节隔句押韵,以"u"("姑苏")韵一贯到底,恰切地表达了委婉细腻的思念之情。韵随意出,情由韵生,情思如流水潺潺环流,又如蚕丝萦萦回旋。使读者感受到句与句之间流畅回环的音乐感,从而产生联想,与作者的感情产生共鸣。再如席慕蓉《如果》以"i"韵为主,间以"an"韵(十八韵"寒",十三辙"言前"),抒情委婉,意味悠长。韵部依托情感而选用,委婉细腻的一般选"一七""姑苏""灰堆""由求"等开口度较小的韵辙,慷慨激昂的一般选"中东""江阳""怀来""遥条"等开口度较大的韵辙。这样便可以使得语音形式所产生的音感效果与所抒发的情感相契合。

诗人们在注意韵的和谐的同时,也没有忽略调的和谐。如舒婷《珠贝——大海的眼泪》诗中的一节:

> 它是无数拥抱,
>
> 无数泣别,
>
> 无数悲喜中,
>
> 被抛弃的最崇高的诗节;
>
> 它是无数雾晨,
>
> 无数雨夜,
>
> 无数年代里
>
> 被遗忘的最和谐的音乐。

前四行末尾"抱、别、中、节"与后四行"晨、夜、里、乐",形成"仄平平平"对"平仄仄仄",节奏分明,抑扬有致。古体诗对平仄的要求更高,基本上是句句字字平仄相谐,现代诗歌则以这种句尾音节的平仄相对为常见。

音步节拍对应也是诗歌音乐美感的体现。讲究音节数的对

应或错落,在现代诗歌中表现出更为灵活多样的形态。如徐志摩《再别康桥》:

> 轻轻的我走了,
> 正如我轻轻的来;
> 我轻轻的招手,
> 作别西天的云彩。
>
> 那河畔的金柳,
> 是夕阳中的新娘;
> 波光里的艳影,
> 在我的心头荡漾。
>
> 软泥上的青荇,
> 油油的在水底招摇;
> 在康河的柔波里,
> 我甘心做一条水草!
>
> 那榆荫下的一潭,
> 不是清泉,是天上虹;
> 揉碎在浮藻间,
> 沉淀着彩虹似的梦。
>
> 寻梦?撑一支长篙,
> 向青草更青处漫溯;
> 满载一船星辉,

在星辉斑斓里放歌。

但我不能放歌,
悄悄是别离的笙箫;
夏虫也为我沉默,
沉默是今晚的康桥!

悄悄的我走了,
正如我悄悄的来;
我挥一挥衣袖,
不带走一片云彩。

全诗的音乐性在很大程度上体现在音步的节奏感上。除了第二节的第三行,第三节的第一行,第四节的第三行是两个音步外,其他都是三个音步,在间隙的两句间,还每每注意音步的对仗,体现了音乐节拍的统一性。同时,在和谐统一的节拍中,又有参差变化。诗的第一节连用三个"轻轻的",节拍舒缓轻柔。仿佛诗人徘徊在康桥的黄昏里,脚步徐徐,轻叩着缓慢而飘逸的节拍,深情孕育其中。第二节重在抒发欣喜赞叹之情,节拍欢快跳跃,展现了激荡的胸怀和奔放的热情。音步复沓间既有内在旋律的和谐统一,又有轻重缓急的参差变化,充满了抑扬顿挫的音乐感,与诗人难分难舍、一唱三叹的惜别之情相得益彰。音步节拍构成一种动态的节奏美感,以潜在的、起伏的节律制造了语言吟咏的音乐美。

(二)散文修辞

当代作家李陀曾这样评说散文:"在诗歌和小说之间,存在着一个叫散文的语言空间,这个空间很大,海阔天空,山高水长,手里有一支笔,就如同抓住了一匹飞马的缰绳,写作可以升天入地,任意驰骋。"这一段话形象地道出了散文可以自由发挥、信马由缰的阔大的写作领域。然而,对散文"形散神不散"的传统评说又为散文立下了有所约束的写作规则。从散文的修辞特点来概括,主要表现在话题"散"与"不散"的对立统一,情感的牵系与抒发,字里行间的哲理韵味,形象生动的语言美感追求等。

散文的情感走向、谋篇布局是可以自由发挥的,但"形散神不散"的特点决定了它的自由发挥不是不可控的,也不是无界域的,而是有一根主题情感主线加以约束。纵横驰骋、上天入地的发挥都必须围绕情感主线。哪怕超越了现实的抒写,有了情感主线,也便有了依托。余秋雨《三峡》中有一段文字:

> 可怜的白帝城多么劳累,清晨,刚刚送走了李白们的轻舟,夜晚,还得迎接刘备们的马蹄。只是,时间一长,这片山河对诗人们的庇佑日渐减弱,他们的船楫时时搁浅,他们的衣袋经常熏焦,他们由高迈走向苦吟,由苦吟走向无声。中国,还留下几个诗人?

李白是唐朝诗人,刘备是三国时期蜀汉开国皇帝。将不同朝代的人物置于同一天出现在同一个地方,显然是荒诞的。但是,这一荒诞是紧扣着文本主题的。在《三峡》中,我们可以看到这样的表述:"我想,白帝城本来就熔铸着两种声音、两番神貌:李白与刘备,诗情与战火,豪迈与沉郁,对自然美的朝觐与对山河主宰权的争逐。它高高地矗立在群山之上,它脚下,是为这两个主题日夜争辩的滔滔江流。"这一段语境揭示了李白与刘备在此文中的作用:和平与战争的代表象征。抒发了作者对"诗情与战火"更替的历史演变的感慨。不合情理的表述因精神升华而具有了客观基础,也因李白、刘备与白帝城曾经的关联而具有了合理性。李白的"朝辞白帝彩云间"代表了和平的诗情,刘备的白帝城托孤则与战争关联。这两个不同朝代的人物因此有了关联性,而将他们放在同一个时间段出现,便将历史进程浓缩到了一天之中。这是散文语言作为文学语体所体现出的变异特征。

余秋雨的游记散文,不仅是某一地域景物的记述,也是与历史文化交融后产生的某一情感的抒发。他在《文化苦旅》"后记"中记述,该书原交给一家外省的小出版社出版,"他们又发现我的文章并不都是轻松的游记,很难成为在每个旅游点兜售的小册子,因此决定大幅度删改后付印",而删改后"难以卒读"。可见,该出版社将此当作纯粹的景点记述文字,而忽略了其中的文化蕴涵。游记散文《文化苦旅》的"旅"不仅是自然景观之旅,更大程度上如书名所示,是文化之旅。其文化蕴涵是每篇散文的游记主旨,没有了文化蕴涵,散文就失却了风骨。《文化苦旅》中,《道士塔》记述王道士向外国探险家出卖敦煌文物,导致"今天,敦煌研究院的专家们只得一次次屈辱地从外国博物馆买取敦煌文献的微缩胶卷,叹息一声,走到放大机前",表达了对这个"巨大的民族悲剧"的深切悲痛。《柳侯祠》表达了对"客死南荒的文豪"柳宗元被贬的哀叹,以及对其文采与为官业绩的颂扬。《西湖梦》不是重在描述西湖之美,而是评述这一汇聚了白居易、苏东坡的"极复杂的中国文化人格的集合体",感慨"它贮积了太多的朝代,于是变得没有朝代。它汇聚了太多的方位,于是也就失去了方位。它走向抽象,走向虚幻,像一个收罗备至的博览会,盛大到了缥缈"。这些带有哲理韵味的抒情,是散文主旨的体现,也是散文人文价值的体现。

以情思为主线,使得散文中的景物描写超越了写实性,而带有了某种寓意。指称景物的言语代码因此超越了原有的语义。张抗抗《窗前的树》是对"我的窗前有一棵树"的叙写抒情。从这棵"已生长了多年"的树的缘故,"我们曾真心希望能拥有这个单元的一扇窗"领起,将树与人关联。"果真如愿"后,"我们从此天天享受着它的清凉与恬静,很是满足,很觉幸福",树与人的情感交融,使树超越了景物所指,而带有了情感寓意。以人与树的情感交融为主线,描述了春夏秋冬四季的洋槐。春天的洋槐,突出其沉稳和乍然绽放给人的惊喜。"杨与柳都已翠叶青青,它才爆出米粒般大的嫩芽,只星星点点的一层隐绿,悄悄然绝不喧哗。"用杨与柳衬托,写洋槐的沉稳。"又过了些日子,忽然就挂满了一串串葡萄似的花苞,有如一只只浅绿色的蜻蜓缀满树枝——当它张开翅膀跃跃欲飞时,薄薄的羽翼在春日温和的云朵下染织成一片耀眼的银色。""你寻着这馥郁走上阳台,你的精神为之一振,你的眼前为之一亮,顿时整个世界都因此灿烂而壮丽:满满的一树雪白,袅袅低垂,如瀑布倾泻四溅。银珠般的花瓣在清风中微微飘荡,花气熏人,人也陶醉。"对花苞形态色彩以及馥郁花开的生动形容和细致描绘,表现了作者观察之细致,爱花之情真。这一切都关联着人的视觉和人的情感。"花气熏人,人也陶醉",人与花相互交融。夏日的洋槐,突出其狂风暴雨中的刚韧坚强:"夏日常有雨,暴雨如注时,偏爱久久站在窗前看我的槐树——它任凭狂风将树冠刮得东歪西倒,满树的绿叶呼号犹如一头发怒的雄狮,它翻滚,它旋转,它战栗,它呻吟。曾有好几次我以为它会被风暴折断,闪电与雷鸣照亮黑暗的瞬间,我窥见它的树干却始终岿然。"秋天的洋槐,突出其落叶告别更新的悲壮:"秋风乍起,金色的槐树叶如雨纷纷飘落,我的思路便常常被树叶的沙沙声打断。我明白那是一种告别的方式。它们从不缠缠绵绵、凄凄切切,它们只是痛痛快快利利索索地向我挥挥手连头也不回。它们离开了槐树就好比清除了衰老抛去了陈旧,是一个必然,一种整合,一次更新。它们一日日稀疏凋零,安然地沉入泥土,把自己还原给自己。"冬天的洋槐,突出其挺拔与骄傲,孤独却自信潇洒:"冬天的洋槐便静静地沉默。它赤裸着全身一无遮挡,向我展示它的挺拔与骄傲。或许没人理会过它的存在,它活得孤独,却也活得自信,活得潇洒。寒流摇撼它时,它黑色的枝条俨然如乐队指挥庄严的手臂,指挥着风的合奏。""雪后的槐树一身素裹银光璀璨,在阳光还未及融化它时,真不知是雪如槐花,还是槐花如雪。"在"我"同"我的洋槐"度过的六个春秋里,"四季的洋槐便如一幅幅不倦变幻的图画,镶入我窗口这巨大的画框。冬去春来,老槐衰而复荣、败而复兴,重新回来的是原来那棵老槐;可是,我知道它已不再是原来的那棵槐树了——它的每一片树叶、每一滴浆汁,都由新的细胞、新的物质构成。它是一棵新的老槐树"。洋槐被赋予了生命,赋予了个性而显得充满生机,充满情感。"在我的一生中,我与槐树无言相对的时间将超过所有的人。这段漫长又真实的日子,槐树与我无声的对话,便构成一种神秘的默契。"可见,洋槐已超越了植物的属性,成为"我"的亲密伙伴。

　　散文的情与理常常交融,情感以事物体现,说理也用形象的语言来表述。如杨绛《读书好比串门儿》中写道:"我觉得读书好比串门儿——'隐身'的串门儿。要参见钦佩的老师或拜谒有名的学者,不必事前打招呼求见,也不怕搅扰主人。翻开书面就闯进大门,翻过几页就升堂入室;而且可以经常去,时刻去,如果不得要领,还可以不辞而别,或者另找高明,和他对质。不问我们要拜见的主人住在国内国外,不问他属于现代古代,不问他什么专业,不问他讲正经大道理或聊天说笑,都可以挨近前去听个足够。"以"串门儿"作喻,将读书的自主性,读书的广阔空间,读书的乐趣都形象生动地表现了出来。

　　当然,散文阔大的写作空间,也给这一文体带来灵活多样的语言风格。张抗抗的散文语言形象生动,幽默谐趣;木心的散文则稳重睿智,哲理深刻,往往以独到的思考,寓事物以深蕴哲理的内涵。如:

　　　　美貌是一种表情。

　　　　别的表情等待反应,例如悲哀等待怜悯,威严等待慑服,滑稽等待嬉笑。唯美貌无为,无目的,使人没有特定的反应义务的挂念,就不由自主地被吸引,其实是被感动。

　　　　其实美貌这个表情的意思,就是爱。

　　　　这个意思既蕴藉又坦率地随时呈现出来。

　　　　拥有美貌的人并没有这个意思,而美貌是这个意思。

　　　　当美貌者摒拒别人的爱时,其美貌却仍是这个意思:爱——所以美貌者难于摒拒别人的爱。往往遭殃。

　　　　　　　　　　　　　　　　木心《论美貌·内篇》

对美貌的独到认知里含有深刻的哲理,阐述了作为"一种表情"的美貌"无为,无目的"的特点,以及"爱"的本质。"拥有美貌的人并没有这个意思,而美貌是这个意思",诙谐中蕴含着对立统一的辩证哲理。散文作家以抒情和幽默,赋予文笔以情感的奔放;以智性和哲理,赋予文笔以思想的深邃,从而形成了不同的语言风格,展现了散文宽阔而又深邃的写作空间。

散文虽不属韵文,但有一些作家还是注重讲究韵律,在散句中穿插整句,注意对句的平仄协调,押韵的音节和谐等,形成语言音韵美。如郁达夫《故都的秋》:"在南方每年到了秋天,总要想起陶然亭的芦花,钓鱼台的柳影,西山的虫唱,玉泉的夜月,潭柘寺的钟声。""想起"后所带的宾语结构相同,都是偏正结构,音节数相同或相近,以整齐的对句,与散句相连相合。文中还有:"南国之秋,当然是也有它的特异的地方的,比如廿四桥的明月,钱塘江的秋潮,普陀山的凉雾,荔枝湾的残荷等等,可是色彩不浓,回味不永。比起北国的秋来,正像是黄酒之与白干,稀饭之与馍馍,鲈鱼之与大蟹,黄犬之与骆驼。"列举明月、秋潮、凉雾、残荷,说明"南国之秋"的"特异"。将南国之秋与北国之秋的区别用"黄酒之与白干,稀饭之与馍馍,鲈鱼之与大蟹,黄犬之与骆驼"来表现,音节数量相同构成的整句,穿插在散句中,也构成整齐的音乐美感。再如朱自清和俞平伯同游秦淮河,以"桨声灯影里的秦淮河"为题,留下了同题佳作。两篇散文都很注重语言的音律美。朱自清《桨声灯影里的秦淮河》:"我们真神往了。我们仿佛亲见那时华灯映水,画舫凌波的光景了。于是我们的船便成了历史的重载了。""华灯映水"与"画舫凌波"四四音节相对,平平仄仄对仄仄平平,整齐的对句穿插在散句中,形成和谐整齐却又错落有致的音乐美。俞平伯《桨声灯影里的秦淮河》:"心头,宛转的凄怀;口内,徘徊的低唱;留在夜夜的秦淮河上。"音节或两两相对,或五五相对。"心头"与"口内",平平对仄仄。"宛转的凄怀"与"徘徊的低唱",仄仄仄平平对平平仄平仄,虽然平仄相对不那么严格,但也显得错落有致。加之"唱""上"的押韵,韵律的讲究使短小的文字充满了协韵的音乐美。其中一段甚至句句用韵:

> 时有小小的艇子急忙忙打桨,向灯影的密流里横冲直撞。冷静孤独的油灯映见黯淡久的画船头上,秦淮河姑娘们的靓妆。茉莉的香,白兰花的香,脂粉的香,纱衣裳的香……微波泛滥出甜的暗香,随着她们那些船儿荡,随着我们这船儿荡,随着大大小小一切的船儿荡。有的互相笑语,有的默然不响,有的衬着胡琴亮着嗓子唱。一个,三两个,五六七个,比肩坐在船头的两旁,也无非多添些淡薄的影儿葬在我们的心上——太过火了,不至于罢,早消失在我们的眼皮上。谁都是这样急忙忙的打着桨,谁都是这样向灯影的密流里冲着撞;又何况久沉沦的她们,又何况漂泊惯的我们俩。当时浅浅的醉,今朝空空的惆怅;老实说,咱们萍泛的绮思不过如此而已,至多也不过如此而已。你且别讲,你且别想! 这无非是梦中的电光,这无非是无明的幻相,这无非是以零星的火种微炎在大欲的根苗上。扮戏的咱们,散了场一个样,然而,上场锣,下场锣,天天忙,人人忙。看! 吓! 载送女郎的艇子才过去,货郎担的小船不是又来了?一盏小煤油灯,一舱的什物,他也忙得来像手里的摇铃,这样丁冬而郎当。

韵脚"桨、撞、上、妆、香、荡、响、唱、旁、怅、讲、想、光、相、样、忙、当"等字串起整段文字的诗情画意；串上连下的韵脚，引导人们领略秦淮河的夜景，捕捉作者的情感线索。冰心深厚的古文功底，也使她的文笔常充满了音乐美感。如《寄小读者·通讯二十八》："我俯在圆窗上看满月西落，紫光欲退。而东方天际的明霞，又已报我以天光的消息！母亲，为了你，万里归来的女儿，都觉得这些国外也常常看见的残月朝晖，这时却都予我以极浓热的慕恋的情意。""退、息、你、晖、意"韵脚相协，情随韵转，韵随情生，把归国途中在江上望见祖国的片片帆影后的感情波澜淋漓尽致地表露出来。这些韵，不是为押韵而押韵，全然是心情流淌的痕迹。

音节的反复回环也形成了语音的回环美。通过音节的复沓，既有助于某些情感的表露，又构成吟咏的曲调。如朱自清《荷塘月色》："曲曲折折的荷塘上面，弥望的是田田的叶子。叶子出水很高，像亭亭的舞女的裙。层层的叶子中间，零星地点缀着些白花，有袅娜地开着的，有羞涩地打着朵儿的；正如一粒粒的明珠，又如碧天里的星星，又如刚出浴的美人。微风过处，送来缕缕清香，仿佛远处高楼上渺茫的歌声似的。这时候叶子与花也有一丝的颤动，像闪电般，霎时传过荷塘的那边去了。叶子本是肩并肩密密地挨着，这便宛然有了一道凝碧的波痕。叶子底下是脉脉的流水，遮住了，不能见一些颜色；而叶子却更见风致了。""曲曲折折、田田、亭亭、层层、粒粒、缕缕、密密、脉脉"，这些叠音作为修饰语，由结构助词"的""地"与被修饰语连接，不同叠音字多重复沓，轻柔地浅斟低唱，组成了和谐统一的抒情语调，使得笔触细腻绵长，诗情画意渗透其间。

（三）小说修辞

小说作为叙事文体，着力于人物形象塑造，情节结构设置等，我们主要从语言作为叙事的载体，对人物形象塑造、情节结构安排等方面来考察。

人物形象塑造体现在对人物的穿着打扮、神情举止、行为动作等方面的描写，塑造的语言手法也多种多样。如：

①大赤包近来更发了福，连脸上的雀斑都一个个发亮，好像抹上了英国府来的黄油似的。她手指上的戒指都被肉包起来，因而手指好像刚灌好的腊肠。随着肌肉的发福，她的气派也更扩大。每天她必细细的搽粉抹口红，而后穿上她心爱的红色马甲或长袍，坐在堂屋里办公和见客。她的眼和耳控制着全个院子，她的咳嗽与哈欠都是一种信号——二号与三号客厅的客人们若吵闹得太凶了，她便像放炮似的咳嗽一两声，教他们肃静下来；她若感到疲倦便放一声像空袭警报器似的哈欠，教客人们鞠躬告退。

老舍《四世同堂》

②哪怕是刚有点觉得出的小风，虽然树叶还没很摆动，张大哥戴上了风镜。哪怕是天上有二尺来长一块无意义的灰云，张大哥放下手杖，换上小伞。

老舍《离婚》

③那男人目测年纪该有北大那么高寿了，但心却不老，常用手理头发——恨没幸存的头发可理，只好来回抚摸

之,而另一只手不闲着,紧搂住"色彩缤纷"。

韩寒《三重门》

例①大赤包是汉奸冠晓荷的老婆,集丑陋、泼辣、粗野、恶毒、无耻于一身。她投靠日本人,谋得妓女检查所所长的职位,逼良为娼,敲诈钱财,最后自取灭亡。这是她当了所长后的形象描绘,对其雀斑、手指、咳嗽、哈欠的描绘用了夸张、比喻等修辞手法,凸显其丑陋可鄙的面貌,小人得势后颐指气使、盛气凌人的可恶嘴脸。例②天气情况和张大哥的举动构成了反差,夸张地表现张大哥行为的小心翼翼,突出他拘泥守旧的性格特点。例③"那男人"年龄的老和心的不老形成反差,看上去已是高寿,但他用手理头发、搂女人的动作,又体现了他的心不老。"色彩缤纷"在此借代穿着艳丽的女人,突其不当关系,充满了调侃意味。除了描写,人物形象有时是通过叙述性话语体现的,如老舍《老张的哲学》对老张的叙述:"老张的哲学是'钱本位而三位一体'的。他的宗教是三种:回,耶,佛;职业是三种:兵,学,商。言语是三种:官话,奉天话,山东话。他的……三种;他的……三种;甚至于洗澡平生也只有三次。洗澡固然是件小事,可是为了解老张的行为与思想,倒有说明的必要。"这是小说开篇对老张的介绍。"钱本位而三位一体"是概述,继而对其宗教、职业、言语、洗澡分别叙述,以及"他的……三种"省略性无休止延续,无不体现了讽刺意味,虽是叙述性话语,却将老张贪婪无耻的形象活生生地展现在读者面前。

心理描写也是展现人物形象的一个组成部分。心理描写手法很多,可以是白描呈现,也可以是细腻描绘。如周大新《银饰》中描绘碧兰对小银匠少恒的思念:"仅仅是十来天之后,对少恒的思念就开始如泥鳅一样在心里先是蠕动继是滚动后是蹿动,弄得她心神不宁坐立不安了。"碧兰由于丈夫吕道景的性变态而寄情少恒,开始只觉着少恒是个老实人,根本谈不上感情,"不过随着和小银匠来往时间的增长,她渐渐对他生出了真诚的依恋之意。她从他身上,才慢慢真正体验到了男人的全部可贵和可爱"。此事被吕道景知道后,碧兰阻断了跟少恒的约会,上述引例就是描写此时碧兰的心理。以泥鳅在心里跳跃的动作比喻思念之情的激荡,"先是蠕动继是滚动后是蹿动",细致的描摹将思念之难以抑制表现得活灵活现。人物心理的反常描写中往往蕴含着人物的身份、经历等背景,如铁凝《大浴女》对尹小跳的一段心理描绘:

> 这个外省黑衣少女,她叉腿坐在白色跑车车座上,一边焦急地扬起手腕看表,一边吐痰。她看一看表,吐一口痰;吐一口痰,又看一看表。尹小跳猜测她肯定有急事,时间对她是多么重要。不过她为什么要吐痰呢?既然她有手表。既然她有手表,就用不着吐痰。既然她吐痰,就用不着有手表。既然她已经学会了让时间控制她的生活,她就应该学会控制痰。既然她有手表,就不应该有痰。既然她吐了痰,就不应该有手表。既然她有表,就万不该有痰。既然她有痰,就万不该有表。既然表……既然痰……既然痰……既然表……既然、既然……红灯早已变了绿灯,黑衣女孩子早把自己像箭一般射了出去,尹小跳还纠缠在手表和痰里没完没了。

尹小跳由视觉所产生的心理联想违反了事理逻辑的因果关系。将"吐痰"和"看表"两个动作强行关联为因果关系是荒谬的,却体现了人物的内心世界之怪诞。在尹小跳眼中,这一世界是怪异的,怪异的生成有着历史背景。母亲章妩的出轨和同母异父妹妹尹小荃的死是尹小跳童年的阴影。对母亲出轨的憎恨,阻止二妹尹小帆去救助将要跌入窨井的尹小荃,以致悲剧产生后的怪异心理伴随着尹小跳的人生。小说在开篇通过尹小跳观察黑衣少女所产生的怪异联想,展现了这个近40岁的女人婚前不那么镇静的心理。下文语境是这一心理的诠释:"她好像故意要使自己无所归属,仿佛只有无所归属才可能让她自由而又自在地高于眼前的城市,让她镇静地、不事矫情地面对所有的城市和生活。而当她想到镇静这个词的时候,她才明白坐在出租车里的她也许不是那么镇静的,她大概要结婚了。"这一段叙述与上文的心理描写相辅相成,在呈现尹小跳复杂心理的同时,揭示了怪异心态产生的原因。

对话是小说作为叙事文本的重要参构因素,是人物形象展现的一种方式。如老舍《骆驼祥子》描述曹家女仆高妈的话语特点:"高妈的话永远是把事情与感情都掺和起来,显着既复杂又动人。"这种"复杂动人"体现在一次祥子拉车的事故后。祥子在曹先生家包月拉车,路遇新卸的一堆补路的石块,摔坏了车,摔伤了人。高妈忙不迭地招呼祥子,又说了一番话:"祥子是磨不开。本来吗,把先生摔得这个样!可是,先生既说不是你的错儿,你也甭再别扭啦!瞧他这样,身大力不亏的,还和小孩一样呢,倒是真着急!太太说一句,叫他放心吧!"跟在这句话后是作者的评述:"高妈的话很像留声机片,是转着圆圈说的,把大家都说在里边,而没有起承转合的痕迹。"这就把高妈精明能干、能说会道给描绘了出来。这是高妈身为下层人却能融入曹家的一个重要原因。人物的话语体现人物性格、情感等特征,常常使话语带有了深层的言外之意。苏童的《妻妾成群》中,颂莲因父亲破产自杀,被卖进陈家当小妾。初进陈府,由老爷陈佐迁带着见大太太和二太太,两位太太的话语体现出了两位太太的特点。见大太太毓如,"颂莲刚要上去行礼,毓如手里的佛珠突然断了线,滚了一地,毓如推开红木靠椅下地捡佛珠,口中念念有词,罪过,罪过"。大太太事先不知娶妾之事,借佛珠断线所说的"罪过",明里指佛珠断线的不祥,实际指老爷娶小妾之事。这既表现了大太太以信佛打发日子,又表现了她对老爷娶妾的不满怨恨。见二太太卓云,受到了"热情的礼遇",卓云让丫鬟拿了各种瓜子蜜饯招待颂莲。"他们坐下后卓云的头一句话就是说瓜子,这儿没有好瓜子,我嗑的瓜子都是托人从苏州买来的。"这话明里看表现卓云喜欢零嘴,实际上是显示老爷对自己的宠爱。卓云的热情表现了她的城府心机。随着故事情节发展,我们可以看到卓云"慈善面孔蝎子心,她的心眼点子比谁都多"。她挑唆丫鬟雁儿陷害颂莲,便和这开端的热情形成了明显的反差。话语的言外之意还可以表现出人物之间的关系。颂莲与雁儿有一段关于大小姐的对话,当颂莲向雁儿了解大小姐时,雁儿回答说:"我们大小姐又漂亮又文静,以后是要嫁贵人的。"颂莲听后"很厌恶",把气发到脚下那只波斯猫身上,她抬脚把猫踢开,骂道:"贱货,跑这儿舔什么骚?"明里骂猫,实际是骂雁儿。雁儿和颂莲的关系一反传统小说戏剧中太太小姐与丫鬟的亲密贴身关系,而是死对头。这一矛盾从颂莲刚进陈府发生的小事就开始了。雁儿对男主子的殷勤,在二太太挑唆下对颂莲的诅咒陷害,使二人矛盾加深,最终势不两立。所以,哪怕看起来是褒扬的话,也可能是颂莲对雁儿的嘲讽。一次,大少爷飞浦到颂莲房间探访,雁儿端着两碗红枣银耳羹进来,先送到飞浦手上。颂莲说:"你看这丫头对你多忠心,不用关照自己就做好点心了。"颂莲看似褒扬的话语却让在场的二人听出了嘲讽,雁儿脸羞得通红,把另外一碗往桌上一放就逃出去了。颂莲又进一步加码:"雁儿别走呀,大少爷有话跟你说。"飞浦笑着说:"你对她也太厉害了。"这些对话在展现人物形象的同时,也展现了人物关系。

人物对话还能展现特定的地域空间、时代特色。余华《许三观卖血记》中有一段对话:

"小笼包子两角四分,馄饨九分钱,话梅一角,糖果买了两次共计两角三分,西瓜半个有三斤四两花了一角七分,总共是八角三分钱……你什么时候嫁给我?"

"啊呀,"许玉兰惊叫起来,"你凭什么要我嫁给你?"

许三观说:"你花掉了我八角三分钱。"

"是你自己请我吃的,"许玉兰打着嗝说,"我还以为是白吃的呢,你又没说吃了你的东西就要嫁给你……"

"嫁给我有什么不好?"许三观说,"你嫁给我以后,我会疼你护着你,我会经常让你一个下午就吃掉八角三分钱。"

"啊呀,"许玉兰叫了起来,"要是我嫁给了你,我就不会这么吃了,我嫁给你以后就是吃自己的了,我舍不得……早知道是这样,我就不吃了。"

"你也不用后悔,"许三观安慰她,"你嫁给我就行了。"

"我不能嫁给你,我有男朋友了,我爹也不会答应的,我爹喜欢何小勇……"

对话乡土气息浓郁。特定年代乡村人的生活状态、生活水平,乡村人的婚恋观,乡村人的质朴直率,从对话中展露出来。这一对话之后,初次与许玉兰相见的许三观"就提着一瓶黄酒一条大前门香烟,去到了许玉兰家",以嫁给自己后,许玉兰的孩子还可以姓许打动了许玉兰父亲,二人成婚。人生活在特定的空间地域,特定的历史时期,时空语境为话语打上了深刻的烙印。有些对话中则时代政治色彩浓郁。如:

> 水皮说:那我问你,会不会造句?狗尿苔说:啥是造句?水皮说:我说一个词,要把这个词用进去,比如,爱戴,我就造句为:我爱戴毛主席!你造一个。狗尿苔说:我也爱戴毛主席!水皮说:你是啥出身,你没资格爱戴毛主席,重造!狗尿苔的头耷拉了,但他不愿走,他要造句子,就说:爱戴?我就不爱戴帽子。

贾平凹《古炉》

对话体现了"文革"初期的政治特色。在曾经山清水秀、民风淳朴,以烧制瓷器为生的贫穷落后的乡村,刮进了"文革"的政治风气,人们开始以出身成分来划界,孩子间的交往也不例外。狗尿苔将"爱戴"拆成了"爱"与"戴"两个词,表现了孩子的天真淳朴。

时空场景是小说人物活动的环境,也是作家叙事所着意刻画的。场景体现了不同的时代性、空间性。特定的时空语境体现了小说文本的时间地域特色。如王安忆《长恨歌》中对上海弄堂的描写:"上海的弄堂是性感的,有一股肌肤之亲似的。它有着触手的凉和暖,是可感可知,有一些私心的。积着油垢的厨房后窗是专供老妈子一里一外扯闲篇的;窗边的后门,是供大小姐提着书包上学堂读书,和男先生幽会的;前边大门虽是不常开,开了就是有大事情,是专为贵客走动,贴了婚丧嫁娶的告示的。它总是有一点按捺不住的兴奋,跃跃然的,有点絮叨的。晒台和阳台,还有窗畔,都留着些窃窃私语,夜间的敲门声也是此起彼落。"甚至细致到了天窗:"最先跳出来的是老式弄堂房顶的老虎天窗,它们在晨雾里有一种精致乖巧的模样,那木框窗扇是细雕细作的;那屋披上的瓦是细工细排的。"这些描写赋予弄堂以生命,体现了动态感。"性感""肌肤之亲""可感可知""私心""按捺不住的兴奋""跃跃然""絮叨""跳出来""乖巧"这些原用于写人的语词放在景物描写中,使旧上海特有的景致——弄堂与人物关联起来,展现了特定历史时期的特有风貌。这种时空地域的描写还因加入特有事物而更显特色,如对弄堂中的"流言"的细致描写:"流言总是带着阴沉之气。这阴沉气有时是东西厢房的黄衣草气味,有时是樟脑丸气味,还有时是肉砧板上的气味。它不是那种板烟和雪茄的气味,也不是六六粉和敌敌畏的气味。它不是那种阳刚凛冽的气味,而是带有些阴柔委婉的,是女人家的气味。是闺阁和厨房的混淆的气味,有点脂粉香,有点油烟味,还有点汗气的。流言还都有些云遮雾罩,影影绰绰,是哈了气的窗玻璃,也是蒙了灰尘的窗玻璃。这城市的弄堂有多少,流言就有多少,是数也数不清,说也说不完的。""流言"虽不是时空场景的描绘,但它作为旧上海弄堂的专有现象参与了弄堂的场景描写,突显了弄堂空间的狭小,家长里短的琐言碎语,使小说主人公王琦瑶的生活环境得到了渲染凸显。

小说语言在情节结构上的修辞,主要表现在情节结构的展现和设置。话语预设常常成为情节走向的暗示性话语。在小说里,我们可以看到这些预设话语:

①故事的源头如今是一片废墟。

像墓地里的白骨当年曾是健壮的小伙和水灵的姑娘一样,所有的废墟也都有过风华正茂的时候。当我站在那片扔满鸡毛、碎纸、烂菜叶等乌七八糟杂物的废墟上,向87年前的那个早晨凝望时,我最先看到的是那条弯弯曲曲轻笼在晨雾中的西关小街;接着看到了青砖绿瓦屋脊上蹲有两个小兽不大却有气势的银饰铺;看到了黑地白字的店牌:富恒银饰;随后我听到了吱吱呀呀一声门响——

在那个薄雾飘绕的春天的早晨,富恒银饰铺的银匠郑少恒去开铺子门时,并不知道一桩大事的开端要在那天显露出来,而且,那开端正以不紧不慢的速度向他这边蠕动着爬近。

周大新《银饰》

(2)你现在当然不能去翻字典,一件重大的事情马上就要发生——这种时候你最好不要离开,你可能已经注意到:文廷生今天没有下江。

在扬子岛的最高峰,文廷生坐成一块石头。

毕飞宇《孤岛》

这些预设话语是含蓄的、隐晦的,并未明确说明故事情节的内容,却给读者一种强烈的阅读期待,让读者迫切想知道故事的发生、发展及结局。例①以倒叙手法,立足于"我"对"87年前的那个早晨"的回望,将故事发生的场景、人物、情节开端动态展现。故事开始于明德府大少奶奶碧兰对银饰铺的造访,由此展开了围绕着碧兰与小银匠少恒的凄惨故事。因丈夫吕道景性变态,碧兰极为痛苦。寻求杀夫并自杀未果,在对少恒的感激中与之产生了恋情。被吕道景发现后,吕道景要求以不断打银饰满足其爱好女装的需求为条件,为其保密。碧兰无奈下偷了家里库房的银锭被发现。公公江阳县知事吕敬仁设下毒计,让少恒住到府里打银饰,将其毒杀,并陷害碧兰。老银匠要为儿子报仇,打造了设有机关的银项圈,勒死了碧兰,并服毒自尽。悲剧的剧情环环相扣,源于开端。小说开头充满诗意的场景描绘设置了凄美迷离的基调,作为故事的引子,诱导读者的阅读兴趣,故事由此开端,娓娓叙来。例②"一件重大的事情马上就要发生",预设了故事即将开始的扬子岛上的几次权力演变纷争。紧接着,"公嘴港,你得更名廷生港!""他要扬子岛,是的,扬子岛必须是他的。除了他,谁也不配在扬子岛这块宝地呼风唤雨吞云吐雾。"将纷争主人公文廷生的野心展现在人们眼前。有时候,预设话语虽然没有具体展示故事情节,却预告了故事人物的结局。如:

① 那天早晨,俺公爹赵甲做梦也想不到再过七天他就要死在俺的手里;死得胜过一条忠于职守的老狗。俺也想不到,一个女流之辈俺竟然能够手持利刃杀了自己的公爹。俺更想不到,这个半年前仿佛从天而降的公爹,竟然真是一个杀人不眨眼的剑子手。

莫言《檀香刑》

② 明天早晨,他要用屁股迎着初升的太阳,脸深深地埋在乌黑的瓜秧里。一群百姓面如荒凉的沙漠,看着他的

比身体其他部位的颜色略微浅一些的屁股。这个屁股上布满伤痕,也布满阳光,百姓们看着它,好像看着一张明媚的面孔,好像看着我自己。

莫言《枯河》

例①是《檀香刑》的开篇,预设了故事人物关系,人物结局。卖五香狗肉的孙眉娘在干爹兼情人的县太爷钱丁欲了断受檀香刑的亲爹孙丙,与公爹、京城刑部大堂首席刽子手赵甲争斗时,从后面杀了赵甲后惨叫着跑开,钱丁也随后杀了孙丙。这一后续故事在小说开头以预设话语给读者以震慑吸引力,交代了人物结局,由此展开了故事情节。例②是小说开端,对从树上掉下,砸坏村支书女儿之后被家人毒打,乘夜色离家出走最终惨死的孩子,以及百姓观看情景的预设,由此导出事件发生过程的讲述。小说结尾又重复了这一场景:"人们找到他时,他已经死了……他的父母目光呆滞,犹如鱼类的眼睛……百姓们面如荒凉的沙漠,看着他布满阳光的屁股……好像看着一张明媚的面孔,好像看着我自己……"孩子的凄惨遭遇,家人及乡亲们的冷漠,得到了强调。

当代小说话语在叙事方面呈现出多种变异,体现了当代人思维的活跃,陌生化的追求。这种变异除了打破语言规律的变异,突出表现在叙事视角的变异,让不具有思维与话语能力的叙事者作为故事讲述者,讲述的故事多是现实生活的翻版。如死人叙事,婴儿叙事,动物叙事等。方方《风景》的整篇故事由"生下来半个月就死掉了"的小八子讲述,在第一节貌似第三者讲述的故事后,第二节亮出了叙事者的身份:"父亲买了木料做了一口小小的棺材把小婴儿埋在了窗下。那就是我。我极其感激父亲给我的这块血肉并让我永远和家人待在一起。我宁静地看着我的哥哥姐姐们生活和成长,在困厄中挣扎和在彼此间殴斗。"正如小说开篇引用的波特莱尔语录:"在浩漫的生存布景后面,在深渊最黑暗的所在,我清楚地看见那些奇异世界……"逝者的身份使小八子能够在隐蔽处窥视丑恶的人生百态,甚至将死者与生者进行对比:

> 我听见他们每个人都对着窗下说过还是小八子舒服的话。我为我比他们每个人都拥有更多的幸福和安宁而忐忑不安。命运如此厚待了我而薄了他们这完全不是我的过错。我常常是怀着内疚之情凝视我的父母和兄长。在他们最痛苦的时刻我甚至想挺身而出,让出我的一切幸福去与他们分享痛苦。但我始终没有勇气做到这一步。我对他们那个世界由衷感到不寒而栗。我是一个懦弱的人为此我常在心里请求我所有的亲人原谅我的这种懦弱,原谅我独自享受着本该属于全家人的安宁和温馨,原谅我以十分冷静的目光一滴不漏地看着他们劳碌奔波,看着他们的艰辛和凄惶。

这一思考是逝者无法进行,也是出生仅半个月的婴儿所无法进行的,因此,叙事者只是作为一个代言人,陈述的是作者想要陈述的话。婴儿兼死人的身份突破了活人叙事的场景描述局限性,使小说视角独特。

余华《第七天》也是死人叙事,小说开篇就展现了叙事者身份:"浓雾弥漫之时,我走出了出租屋,在空虚混沌的城市里孑孓而行。我要去的地方名叫殡仪馆,这是它现在的名字,它过去的名字叫火葬场。我得到一个通知,让我早晨九点之前赶到殡仪馆,我的火化时间预约在九点半。"这一奇异亮相,以充满梦幻的语言风格为全书奠定了荒诞的基调。"我"以活着的人才具有的思维能力与语言,讲述了死后七天的所见所闻,所遇之事,还追述了往事。当然,其间穿插着他者讲述的故事。这些故事涉及当代社会的方方面面。官僚腐败、贫富两极、暴力执法、食品安全、城市鼠族、乡村留守等各阶层的问题,都通过特定的人物事件展现出来。所涉既有社会现实,又有精神层面的社会道德、价值观念等。在涉猎广泛的社会问题中揭示了社会深层的丑陋和良善。莫言《生死疲劳》开篇是:

> 我的故事,从1950年1月1日讲起。在此之前两年多的时间里,我在阴曹地府里受尽了人间难以想象的酷刑。每次提审,我都会鸣冤叫屈。我的声音悲壮凄凉,传播到阎罗大殿的每个角落,激发出重重叠叠的回声。我身受酷刑而绝不改悔,挣得了一个硬汉子的名声。

一开始就亮出故事讲述者的死人身份。故事以被冤杀的地主西门闹经历了驴、牛、猪、狗、猴、大头婴儿六道轮回的经历为主要线索,讲述了西门闹一家和农民蓝解放一家半个多世纪的悲欢故事。各种动物都从未离开他的家族,离开家乡土地。通过各种动物的眼睛,描述了1950年至2000年五十多年来中国乡村社会的历史变革。既是死人叙事又是动物叙事,动物以变幻不同的物种,体现动物的特性,同时变幻叙事视角,使小说充满魔幻感。

(四)戏剧修辞

戏剧的修辞特点主要表现在人物对话、场景设置、情节结构的安排等方面。

对话在戏剧中的重要地位,类似于小说,更甚于小说。对话展现人物形象、人物关系,促进情节发展等戏剧文体特点决定了对话的重要性。可以说,观剧在很大程度上是在听人物对话。

常言道,听话听音,人物话语是人物形象的外在标识。如:

唐铁嘴:王掌柜!我来给你道喜!

王利发(还生着气):哟!唐先生?我可不再白送茶喝!(打量,有了笑容)你混的不错呀!穿上绸子啦!

唐铁嘴:比从前好了一点!我感谢这个年月!

王利发:这个年月还值得感谢!听着有点不搭调!

唐铁嘴:年头越乱,我的生意越好!这年月,谁活着谁死都碰运气,怎能不多算算命、相相面呢?你说对不对?

王利发:yes,也有这么一说!

唐铁嘴:听说后面改了公寓,租给我一间屋子,好不好?

王利发:唐先生,你那点嗜好,在我这儿恐怕……

唐铁嘴:我已经不吃大烟了!

王利发:真的?你可真要发财了!

唐铁嘴:我改抽"白面"啦。(指墙上的香烟广告)你看,哈德门烟是又长又松,(掏出烟来表演)一顿就空出一大块,正好放"白面儿"。大英帝国的烟,日本的"白面儿",两大强国侍候着我一个人,这点福气还小吗?

老舍《茶馆》

算命的唐铁嘴跑到王利发的茶馆里来蹭茶喝、要房住。此时正是帝国主义指使中国军阀割据,发动内战之时。唐铁嘴却说"年头越乱,我的生意越好",要"感谢这个年月",无不得意地"不吃大烟"而"改抽'白面'",一副无道德、无廉耻、无民族感的卑鄙小人嘴脸跃然纸上。

戏剧对话中常出现信息差,即对话双方信息传递与接收出现不等值。信息差使人物交际处于不平衡状态,但对表现或促进人物关系发展,推动情节等起着重要作用。因此,对话信息差的设置是作者的叙事策略。对信息差的考察要借助全剧语境各因素。曹禺《雷雨》以周萍为核心人物,周萍与父亲周朴园、继母兼情人繁漪、妹妹兼情人四凤,以及生母鲁侍萍等对话都出现了信息差。这些信息差增强了人物话语的表现力,使情节跌宕起伏,增添波折。如周朴园从矿上回来,与周萍的对话:

周朴园:(突然抬起头来)我听人说你现在做了一件很对不起自己的事情。

周萍:(惊)什——什么?

周朴园:(低声走到萍的面前)你知道你现在做的事是对不起你的父亲么?并且——(停)——对不起你的母亲么?

周萍:(失措)爸爸。

周朴园:(仁慈地,拿着萍的手)你是我的长子,我不愿意当着人谈这件事。(停,喘一口气严厉地)我听说我在外边的时候,你这两年来在家里很不规矩。

周萍:(更惊恐)爸,没有的事,没有,没有。

周朴园:一个人敢做一件事就要当一件事。

周萍:(失色)爸!

周朴园:公司的人说你总是在跳舞窝里鬼混,尤其是这三个月,喝酒,赌钱,整夜地不回家。

周萍:哦,(喘出一口气)您说的是——

周朴园:这些事是真的么?(半晌)说实话!

周萍:真的,爸爸。(红了脸)

周朴园所说"很对不起自己的事情",让周萍误以为是与繁漪的乱伦关系。因而随着父亲追问,越发紧张,直至"失色"。实际上,二人产生了信息差,这从周朴园后面点出的"公司的人说你总是在跳舞窝里鬼混,尤其是这三个月,喝酒,赌钱,整夜地不回家"可以看出。我们借助语境也可以得知,周萍和繁漪的暧昧关系只有管家鲁贵偶然中得知。鲁贵是个卑鄙小人,连自己的女儿四凤都要敲诈勒索,他不可能对主子忠心耿耿,只有在获利时才可能告知周朴园。因此,长期在外的周朴园无从得知。周萍产生误会,一是心中有鬼,一是周朴园话语"很对不起自己的事情""对不起你的父亲""对不起你的母亲""在家里很不规矩",正好切中了周萍与繁漪的关系。信息差的产生使父子二人对话隐含着剑拔弩张的冲突,这得力于作者对人物话语的设置。正是"说者无心,听者有意"。对周萍而言,周朴园的话语指向与他心中隐私相契合,乱伦大罪败露自然让他惊恐万状。读者听此话语,感受对话双方的心理冲突。对话所产生的波澜,饶有趣味。对话最后的趋缓,使父子二人维持平和关系,情节按此发展。可见,对话信息差作为叙事策略,使戏剧对话具有突出的表现力。

四　汉语修辞格

修辞格即修辞手法,是人们在语言运用中为了提高表达效果而产生的特定语言模式,具有特定的语言格式、语言规则和功能。陈望道的《修辞学发凡》从材料上、意境上、词语上、章句上给修辞格分类,介绍了 38 种修辞格。唐松波、黄建霖主编的《汉语修辞格大辞典》将修辞格分为语义类、布置类、辞趣类、文学类,介绍了 117 种正式修辞格。汉语修辞格体现了汉语色彩纷呈的语言艺术,是汉语特点和语言魅力的重要体现,是汉语在长期使用过程中积淀的语言瑰宝。限于篇幅,我们仅介绍重要修辞格以及修辞格的综合运用。

（一）重要修辞格

从突出修辞格主要修辞效果角度出发,我们将修辞格分为三类:形象生动、辞情谐趣、背离深刻。由于各种修辞格可能呈现不同方面的修辞效果,这三类不可避免地存在着交叉并用。因此,这一分类只是对修辞格突出修辞效果的归并而已。

1. 形象生动的修辞格

以形象生动为主要修辞效果的修辞格有比喻、比拟、借代、对比、衬托、繁复、列锦、排比、反复、层递、引用等。

（1）比喻:用具有相似点又不同类的乙事物来比喻甲事物,

以达到形象生动的修辞效果。

比喻是历史最悠久、使用最广泛、内部种类最多的修辞格。比喻有本体、喻体、喻词三个组成部分,本体即被比的甲事物,喻体是用来比喻的乙事物。本体、喻词可不出现,喻体必须出现。钱锺书的《围城》可以说是使用比喻的典范。其比喻之多,喻体之纷繁复杂,出奇制胜,表现得极为突出。如:

①顾尔谦忙想收回那句话,仿佛给人拉住的蛇尾巴要缩进洞。

②房子比职业更难找。满街是屋,可是轮不到他们住。上海仿佛希望每个新来的人都像只戴壳的蜗牛,随身带着宿舍。

③那女孩年纪虽小,打扮得脸上赛过雨后虹霓,三棱镜下日光或姹紫嫣红开遍的花园。

④鸿渐两天没剃胡子梳头,昨天给雨淋透了的头发东结一团,西刺一尖,一个个崇山峻岭。

例①用喻体"给人拉住的蛇尾巴要缩进洞"比喻本体"想收回那句话",使无形的话语带有了形象性,饶有趣味地表现了顾尔谦说出又想收回话语的情态。例②用喻体"戴壳的蜗牛,随身带着宿舍"比喻本体"每个新来的人",形象说明了对外来人来说,上海"房子比职业更难找"。例③连用两个喻体"雨后虹霓""三棱镜下日光或姹紫嫣红开遍的花园"形容女孩的过度打扮,喻词"赛过"使本体与喻体还带有比较之意,突出了女孩打扮之花里胡哨。赏心悦目的自然美景形容女孩脸上过度的修饰,便化美为丑了。例④不用喻词"像",使喻体"崇山峻岭"与被雨淋湿的头发的状态直接等同起来,本喻体关系更加密切。

比喻一般是用形象的事物作喻,说明抽象的本体,但《围城》中的比喻出奇制胜,有时以抽象的喻体作喻,如:"褚哲学家害馋痨地看着苏小姐,大眼珠仿佛哲学家谢林的'绝对观念',像'手枪里弹出的子药',险的突破眼眶,迸碎眼镜。"连用两个喻体形容褚慎明贪婪地看苏小姐的"大眼珠",其中"哲学家谢林的'绝对观念'"便是抽象的喻体。谢林的"绝对观念"意为绝对同一、无所不包、独立的客观知识,本与"大眼珠"没有关联,却因与褚慎明"哲学家"的身份相吻合而带有了嘲讽的意味,描绘了褚哲学家的丑态。《围城》的比喻在形象生动中往往带有辛辣嘲讽之意,使比喻在形象中又带有了深刻的现实意义。如方鸿渐与赵辛楣对三闾大学校长高松年的议论,方鸿渐对高校长的所作所为不以为然,赵辛楣则认为是"这几年来高松年地位高了,会变得糊涂的",随后是作者的议论:"事实上,一个人的缺点正像猴子的尾巴,猴子蹲在地面的时候,尾巴是看不见的,直到他向树上爬,就把后部供大众瞻仰,可是这红臀长尾巴本来就有,并非地位爬高了的新标识。"用喻词"像"关联的喻体将本体"一个人的缺点"本来就有,只是因地位环境不同而暴露表现得深刻风趣。

比喻因其突出的修辞效果成为文学作品最常见的修辞手法,可以用来写人、写物、写景,使人物、事物、景致栩栩如生。如:

① 瑞丰太太,往好里说,是长得很富态;往坏里说呢,干脆是一块肉。身量本就不高,又没有脖子,猛一看,她很像一个啤酒桶。脸上呢,本就长得蠢,又尽量的往上涂抹颜色,头发烫得像鸡窝,便更显得蠢而可怕。瑞丰干枯,太太丰满,所以瑞全急了的时候就管他们叫"刚柔相济"。她不

只是那么一块肉,而且是一块极自私的肉。她的脑子或者是一块肥油,她的心至好也不过是一块像蹄髈一类的东西。

老舍《四世同堂》

②忠厚老实人的恶毒,像饭里的沙砾或者出骨鱼片里未净的刺,会给人一种不期待的伤痛。

钱锺书《围城》

③方鸿渐受到两面夹攻,才知道留学文凭的重要。这一张文凭,仿佛有亚当、夏娃下身那片树叶的功用,可以遮羞包丑;小小一方纸能把一个人的空疏、寡陋、愚笨都掩盖起来。

钱锺书《围城》

④河南棚子盖起了好些新房子。那些陈旧的板壁屋便如衣衫褴褛的童养媳夹杂在青枝绿叶般的新娘子之间。

方方《风景》

例①用"啤酒桶""鸡窝""肥油""蹄髈一类的东西"喻瑞丰太太身体的各个部位,看似外貌描写,实则嘲讽其丑陋且自私自利的嘴脸。例②"忠厚老实人的恶毒"是无形的,以"饭里的沙砾""出骨鱼片里未净的刺"两个喻体作喻,则具有了形象性,体现与"忠厚老实人"不相吻合的"恶毒"给人的出其不意的伤痛。例③用"亚当、夏娃下身那片树叶"喻留学文凭,取其"遮羞包丑"功用的共同点,突出表现了方鸿渐在父亲与老丈人双重夹攻下对留学文凭的感受。例④用"衣衫褴褛的童养媳夹杂在青枝绿叶般的新娘子之间"喻旧房夹杂在新房子中的不相容,突出体现了景物的不和谐。

(2)比拟:把物当作人来写,或者把人当作物、把此物当作彼物来写。

比拟以拟人为多,所以中小学常把比拟就叫作拟人。如:

① 油蛉在这里低唱,蟋蟀在这里弹琴。

鲁迅《从百草园到三味书屋》

② 花开了,就像睡醒了似的。鸟飞了,就像在天上逛似的。虫子叫了,就像虫子在说话似的……倭瓜愿意爬上架就爬上架,愿意爬上房就爬上房。黄瓜愿意开一个花,就开一个花。愿意结一个瓜,就结一个瓜。若都不愿意,就是一个瓜也不结,一朵花也不开,也没有人问它。玉米愿意长多高就长多高,它若愿意长上天去,也没有人管……

萧红《祖父的园子》

③ 天气很好。四月的阳光在大清帝国瓦蓝色天空中摇摇晃晃。几片游云轻抹淡写漫不经心,对天空的主宰有一种毋须过问的自信。

毕飞宇《孤岛》

④ 猪兄的镇定使我佩服之极:它很冷静地躲在手枪和火枪的连线之内,任凭人喊狗咬,不离那条线。这样,拿手枪的人开火就会把拿火枪的打死,反之亦然;两头同时开火,两头都会被打死。至于它,因为目标小,多半没事。就这样连兜了几个圈子,它找到了一个空子,一头撞出去了,跑得潇洒至极。

王小波《一只特立独行的猪》

⑤ 第二类书也与咱无缘:书上满是公式,没有一个"然而"和"所以"。据说,这类书里藏着打开宇宙秘密的小金钥匙。我倒久想明白点真理,如地球是圆的之类;可是这

种书别扭,它老瞪着我。书不老老实实的当本书,瞪人干吗呀?我不能受这个气!有一回,一位朋友给我一本《相对论原理》,他说:明白这个就什么都明白了。我下了决心去念这本宝贝书。读了两个"配纸",我遇上了一个公式。我跟它"相对"了两点多钟!往后边一看,公式还多了去啦!我知道和它们"相对"下去,它们也许不在乎,我还活着不呢?

老舍《读书》

例①把"油蛉""蟋蟀"的鸣叫声想象成"低唱""弹琴",使动物具有了人的动作神态,生动表现了百草园给孩子的无限乐趣。例②以"睡醒"写"花开",以"逛"写"鸟飞",以"说话"写"虫子叫",以"愿意"这一人才有的情感意愿写"倭瓜""黄瓜""玉米",使动物植物带有了人的动作行为、思想情感,突出了园子里生命自由自在生长的状态。这是孩童眼中的动物世界,带上了孩子的联想和想象,体现了幼时在祖父园子里"乱闹"的无限乐趣。例③用"摇摇晃晃"写"阳光",用"漫不经心"写"游云",加以"自信"这一人才具有的心理状态,使自然景物具有了人的动作情感,渲染了风和日丽的景象。然而,这一安谧宁静的环境描写却是为孤岛人事纷争的情节展现做了反衬。例④用荒诞手法描写了一只特立独行的猪,出于对它不只是"喜欢",而且是"尊敬","常常不顾自己虚长十几岁这一现实,把它叫作'猪兄'"。把猪当作人来写,与猪称兄道弟,使猪具有了人的动作行为,人的思想情感,妙趣横生。这是拟人。这一比拟中有着作者的用意,在篇末,作者点出了这只猪的特点:"除了这只猪,还没见过谁敢于如此无视对生活的设置。相反,我倒见过很多想要设置别人生活的人,还有对被设置的生活安之若素的人。因为这个缘故,我一直怀念这只特立独行的猪。"可以看出,写猪是为了体现人,体现自己对反抗精神和独立人格的讴歌。例⑤把"书"拟人化,用"瞪""别扭""老老实实"等描写赋予事物以生命。使得"书"的动作神态和与人交际的功能被描写得活灵活现。

比拟甚至使动物具有了语言能力、思维能力。王小波在《一只特立独行的猪》中塑造的"猪兄"会模仿各种声音,但"我想它也学过人说话,但没有学会——假如学会了,我们就可以做倾心之谈"。有些作品中的动物则不但有了人的语言,而且有了人的情感。如:

① 这一圈小山在冬天特别可爱,好像是把济南放在一个小摇篮里,它们全安静不动地低声地说:"你们放心吧,这儿准保暖和。"

老舍《济南的冬天》

② 可是她家里多干净啊。一般来说,小学生刚到别人家里是很拘谨的,好像桌椅板凳都会咬他一口。可是她家里就让我很放心。没有那种古老的红木立柜,阴沉沉的硬木桌椅,那些古旧的东西是最让小学生骇然的。它们好像老是板着脸,好像对我们发出无声的喝斥:"小崽子,你给我老实点!"

王小波《绿毛水怪》

③ 小鸭子,嘴嫩嫩的,刻几道一定很容易。鸭嘴是角质,就像指甲,没有神经,刻起来不痛。刻过的嘴,一样吃东西,碎米、浮萍、小鱼、虾蛋、蛆虫……鸭子们大概毫不在乎。不会有一只鸭子发现同伴的异样,呱呱大叫起来:"咦!老

哥,你嘴上是怎么回事,雕了花了?"当初想出做这样记号的,一定是个聪明人。

汪曾祺《鸡鸭名家》

④拿破伦(狗名)一扫兴,跑到后花园对着几株干玫瑰噘嘴!它心里说:不知道这群可笑的人们为什么全噘上嘴!想不透!人和狗一样,噘上嘴的时候更可笑!

老舍《二马》

⑤中国的瓜果、蔬菜、鱼虾……无不有品性,有韵味,有格调……譬如说树,砍伐者近来,它就害怕,天时佳美,它枝枝叶叶舒畅愉悦,气候突然反常,它会感冒,也许正在发烧,而且咳嗽……凡是称颂它的人用手抚摩枝干,它也微笑,它喜欢优雅的音乐,它所尤其敬爱的那个人殁了,它就枯槁折倒。池水、井水、盆花、圃花、犬、马、鱼、鸟都会恋人,与人共幸塞,或盈或涸,或茂或凋,或憔悴绝食以殉。

木心《哥伦比亚的倒影》

上例中的景物、事物都具有了话语能力、思维能力,有情感,有思维,能交际。景物、事物以人的口吻表达观点看法,表达情感,活灵活现,惟妙惟肖。

拟物即把人当作物来写,或把此物当作彼物来写。如:

①绕过桂丹商场,老李把自己种在书摊子面前。

老舍《离婚》

②我在少年时代,看见了蜂子或蝇子停在一个地方,给什么来一吓,即刻飞去了,但是飞了一个小圈子,便又回来停在原地点,便以为这实在可笑,也可怜。可不料现在我自己飞回来了,不过绕了一点小圈子。又不料你也飞回来

了,你不能飞得远一些吗?

鲁迅《在酒楼上》

③ 咱老实,才有恶霸,咱们敢动刀,恶霸就得夹着尾巴跑。

老舍《龙须沟》

例①用"种"写老李,是把老李当植物来写,形象再现了老李不愿陪太太逛街,在书摊前不肯移步的情景。例②顺接"蜂子或蝇子"动作的"飞",用于"我""你"的动作行为,使人具有了动物的动作形态。例③"夹着尾巴跑"原是动物才有的动作状态,用于"恶霸",将人等同于畜生,是对恶霸的嘲讽。

也有把此物当作彼物的。如:

不管怎样,且把这矛盾重重的诗篇埋在坝下,它也许不合你秋天的季节,但到明春准会生根发芽……

郭小川《团泊洼的秋天》

用"生根发芽"写"诗篇",改变了"诗篇"原有的属性,使无生命无动态的事物带有了植物的特点,具有了生命活力。

(3)借代:直接用与人或事物相关的名称或说法来代替人或事物,使之具有形象感。如:

① 常四爷:上哪儿? 事情要交代明白了啊!

宋恩子:你还想拒捕吗? 我这儿可带着"王法"呢!(掏出腰中带着的铁链子)

常四爷:告诉你们,我可是旗人!

吴祥子:旗人当汉奸,罪加一等! 锁上他!

常四爷:甭锁,我跑不了!

宋恩子:量你也跑不了!(对松二爷)你也走一趟,到堂上实话实说,没你的事!

老舍《茶馆》

②但这些顾客,多是短衣帮,大抵没有这样阔绰。只有穿长衫的,才踱进店面隔壁的房子里,要酒要菜,慢慢地坐喝。

鲁迅《孔乙己》

例①借"王法"代"铁链子",突出了"铁链子"拘捕犯人、执法的功能,将特务宋恩子仗势欺人的口吻表现出来。例②"短衣帮"代打工者,"穿长衫的"代有文化有钱人。

用来借代人或事物的名称或说法有时对语境的依赖特别强,是在上下文语境中临时生成的。如:

①王琦瑶是典型的上海弄堂的女儿。每天早上,后弄的门一响,提着花书包出来的,就是王琦瑶;下午,跟着隔壁留声机哼唱"四季调"的,就是王琦瑶;结伴到电影院看费雯丽主演的"乱世佳人",是一群王琦瑶;到照相馆去拍小照的,则是两个特别要好的王琦瑶。每间偏厢房或者亭子间里,几乎都坐着一个王琦瑶。

王安忆《长恨歌》

②入声的江不是平声的江。沿着入声走一阵,一下走进了水的喧哗,一下走进水的宁静,一下又重入喧哗,身体也有忽散忽聚的感觉,不断地失而复得。

韩少功《马桥词典》

③大前天早晨,该死的听差收拾房间,不小心打翻墨水瓶,把行政院淹得昏天黑地,陆子潇挽救不及,跳脚痛骂。那位亲戚国而忘家,没来过第二次信;那位朋友外难顾内,

一封信也没回过。

钱锺书《围城》

例①在"王琦瑶是典型的上海弄堂的女儿"基础上,借"王琦瑶"代上海女子,使特定的人名转化为虚拟的泛称,王琦瑶作为特定年代上海女子的典型人物,既体现了王琦瑶的个性特征,又体现了特定时代背景下女子的普遍特征。例②"沿着入声走一阵"的"入声"代指小沟小溪,这需要借助上文的说明。马桥人的"江""泛指一切水道,包括小沟小溪,不限于浩浩荡荡的大水流",后来"也明白了大小,只是重视得似乎不太够,仅在声调上作一点区分。'江'发平声时指大河,发入声时则指小沟小溪",由此可知指代义。例③"行政院"代指陆子潇常放在桌上装门面的信,这从上下文"他亲戚曾经写给他一封信,这左角印'行政院'的大信封上大书着'陆子潇先生',就仿佛行政院都要让他正位居中似的"可以得知。

（4）对比：将对立的事物或同一事物对立的两面放在一起,构成比较,通过对比形象地体现事理。如：

① 我熄了灯,躲进帐子里,蚊子又在耳边嗡嗡地叫。

他们并没有叮,而我总是睡不着。点灯来照,躲得不见一个影,熄了灯躺下,却又来了。

如此者三四回,我于是愤怒了；说道：叮只管叮,但请不要叫。然而蚊子仍然嗡嗡地叫。

这时倘有人提出一个问题,问我"于蚊虫跳蚤孰爱？"我一定毫不迟疑,答曰"爱跳蚤！"这理由很简单,就因为跳蚤是咬而不嚷的。

鲁迅《无题》

②王利发：哪儿不一样呢！秦二爷，常四爷，我跟你们不一样：二爷财大业大心胸大，树大可就招风啊！四爷你，一辈子不服软，敢作敢当，专打抱不平。我呢，做了一辈子顺民，见谁都请安、鞠躬、作揖。我只盼着呀，孩子们有出息，冻不着，饿不着，没灾没病！可是，日本人在这儿，二栓子逃跑啦，老婆想儿子想死啦！好容易，日本人走啦，该缓一口气了吧？谁知道，(惨笑)哈哈，哈哈，哈哈！

老舍《茶馆》

③外国科学进步，中国科学家晋爵。在国外，研究人情的学问始终跟研究物理的学问分歧；而在中国，只要你知道水电、土木、机械、动植物等等，你就可以行政治人——这是"自然齐一律"最大的胜利。理科出身的人当个把校长，不过是政治生涯的开始；从前大学之道在治国平天下，现在治国平天下在大学之道，并且是条坦道大道。对于第一类，大学是张休息的靠椅；对于第二类，它是个培养的摇篮——只要他小心别摇摆得睡熟了。

钱锺书《围城》

例①将蚊虫与跳蚤形成对比，两者共同点是吸人血，但跳蚤却因不叫赢得了"爱"，看似可笑，却突出了对蚊子叫声骚扰的难以忍受。例②将"我"与"秦二爷，常四爷"对比，秦二爷的强大和四爷的胆大同自己的平庸恭顺对比，突出了"顺民"却无好结果的下场，表露了对生活的抱怨。例③以"国外"和"中国"对比，嘲讽不学无术又自以为是的"老科学家"三闾大学校长高松年。

也有同一个对象两种不同情况的对比。如：

爱情的进程是须有柔有刚，忽近忽远，一味的缠磨，有时会惹起厌恶,因为你老不给她想念你的机会,她自然对你不敬。反之,在相当时节休息个三天,你看吧,她再见你的时候,管保另眼看待,就好像三个星期没有看电影以后,连破片子也觉得有趣。

老舍《赶集》

以对恋爱对象的两种态度构成对比,说明爱情的进程要"有柔有刚,忽近忽远",两种不同的效果里含有自然的取舍,妙处不言而喻。

(5)衬托:用表义相类似或相反的事物作为背景,映衬所要表现的事物。

根据衬与被衬的语义关系,分正衬与反衬两类。正衬是以与所要衬托的事物相类似的事物映衬所要表现的事物。如:

阴历七月十五月圆之夜,无数南瓜裹着僵尸、无数骷髅披着床罩、无数黑猫巫婆骑着扫帚、无数小孩胡蹦乱跳到人家门口讨要糖果之际、之交、之万分美妙之时辰,《地球好身影》大型水上实景演出决赛在卢沟桥畔鸣枪开赛啦!

徐坤《地球好身影》

"大型水上实景演出决赛"在民间称为鬼节的阴历七月十五举办是有寓意的,暗指这个决赛是一场闹剧。这从下文比赛过程描绘的场景、人物(大波女、肌肉男、小正太、整容女、小鹭鸶)表演,以及比赛结果可以看出。表演者丑态百出,花钱托关系内定为冠军的小鹭鸶如愿以偿。从比赛的性质而言,鬼节与闹剧形成了和谐关系,因此,将比赛放置于鬼节这一背景下,鬼节对比赛起了正衬的作用。

反衬是以表义相反的情景映衬所要表现的事物。如:

①在那年代，北京在没有月色的夜间，实在黑的可怕。大街上没有电灯，小胡同里也没有个亮儿，人们晚间出去若不打着灯笼，就会越走越怕，越怕越慌，迷失在黑暗里，找不着家。有时候，他们会在一个地方转来转去，一直转一夜。按照那时代的科学说法，这叫作"鬼打墙"。

可是，在我降生的那一晚上，全北京的男女，千真万确，没有一个遇上"鬼打墙"的！当然，那一晚上，在这儿或那儿，也有饿死的，冻死的，和被杀死的。但是，这都与鬼毫无关系。鬼，不管多么顽强的鬼，在那一晚上都在家里休息，不敢出来，也就无从给夜行客打一堵墙，欣赏他们来回转圈圈了。

老舍《正红旗下》

②卧室里的沙发书桌，卧室窗外的树木和草地，天天碰见的人，都跟往常一样，丝毫没变，对自己伤心丢脸这种大事全不理会似的。奇怪的是，他同时又觉得天地惨淡，至少自己的天地变了相。他个人的天地忽然从世人公共生活的天地里分出来，宛如与活人幽明隔绝的孤鬼，瞧着阳世的乐事，自己插不进，瞧着阳世的太阳，自己晒不到。

钱锺书《围城》

例①用"那年代"北京"鬼打墙"的现象反衬"我"降生那一晚上鬼"不敢出来"，突出了"那一晚上"日子的重要性。原来这是"腊月二十三日酉时"的"良辰吉日"，"全北京的人，包括着皇上和文武大臣，都在欢送灶王爷上天的时刻"。这就饶有情趣地突出了"我"的降生日。例②是方鸿渐失恋后的心理描绘，以卧室里外的环境、常见的人没有变化，反衬自己心情的变化。与心仪的唐小姐分手,方鸿渐受到了重创,外间世界的不变与自己内心的变形成了反差,将方鸿渐内心之痛传神表露。

由于表义的复杂性,有时正衬与反衬可能相交错。如:

> 鼓岭的外观,同一般的山中避暑地的情形,也并无多大的不同。你若是曾经到过莫干山、鸡公山一带去过过夏的人,那见了鼓岭,也不会惊异,不会赞美,只会得到一种避暑地中间的小家碧玉的感想;可是这小家碧玉的无暴发户气,却正是鼓岭唯一迷人之处。
>
> 郁达夫《闽游滴沥之四》

以莫干山、鸡公山一带消夏来衬托鼓岭,"不会惊异,不会赞美"似乎说明鼓岭与之有避暑的相似点,但"小家碧玉"又是鼓岭在规模上突出的特点。于是,这一衬托就兼具了正衬与反衬的作用。这些都是为了后面对"这小家碧玉的无暴发户气,却正是鼓岭唯一迷人之处"的赞美,于具有波澜的语义中抒发了对鼓岭的情感。

(6)繁复:联用词或短语对事物做详尽超量的陈述或描绘,以语言的铺陈造成奇异的形象感,体现某种特定的意义。如:

> ① 如果你必须不停地做热情、热烈、热衷、热昏、谦虚、谦卑、谦恭、谦谦、恭顺、恭敬、会心、赞同、惊赞……的微笑,以至脸上的肌肉,不但经常发疼,而且抽筋。最后发展到左半拉脸、左眉、左眼、左嘴角,一律向上歪斜。你热敷、针灸、抹鳝鱼血……全不管事儿。你就会想,有没有一个地方,能让脸上的肌肉,休息一会儿呢?
>
> 张洁《他有什么病》

> ② 苟泉低着头,虚心地、幸福地、谨慎地、快乐地、巴结

地、警惕地、鞠躬尽瘁地恋爱了。但总体上苟泉是满意的。幸福和快乐的源泉就在他"愿意"。毕竟恋爱了,融入新都市了。

毕飞宇《家里乱了》

例①"微笑"前用了13个定语还嫌不够,又以省略号继之,将为了人际应酬不断变换各种微笑的无奈表现到了极致。这些定语有的是仿造的生造词,显得不伦不类,具有了深刻的嘲讽意味。例②中,乡村小伙子苟泉渴望城市生活,大学毕业后期盼融入城市,因此开始了寻找对象的"鹊巢行动"。但"鹊巢行动历时一年半。共涉及三十七位姑娘和四位离异少妇。行动没有取得任何成果",在这种情况下,认识了幼儿园老师乐果。铺陈"虚心地、幸福地、谨慎地、快乐地、巴结地、警惕地、鞠躬尽瘁地"7个状语,修饰"恋爱",体现了对得来不易的恋爱的珍惜,对要达到融入城市愿望的祈盼。

(7)列锦:名词或名词性短语组合,以画面呈现,创造特殊的意境。

古诗词中留下了经典的列锦语句,如马致远《天净沙·秋思》"枯藤老树昏鸦,小桥流水人家,古道西风瘦马",温庭筠《商山早行》"鸡声茅店月,人迹板桥霜",柳永《雨霖铃》"今宵酒醒何处?杨柳岸,晓风残月",陆游《书愤》"楼船夜雪瓜洲渡,铁马秋风大散关"等,以名词排列组合呈现了特有的画面,体现了深远的意境。现代文学作品中的列锦,有时可以呈现某一特定的场景,体现某一深层的意蕴。如:

① 抗日战争时期。昆明大西门外。

菜市,肉市。柴驮子,炭驮子。马粪。粗细瓷碗,砂锅铁锅。焖鸡米线,烧饵块。金钱片腿,牛干巴。炒菜的油烟,炸辣子的呛人的气味。红黄蓝白黑,酸甜苦辣咸。

汪曾祺《钓人的孩子》

② 海云的泪珠,荷叶上的雨滴,化雪时候的房檐,第一次的,连焦渴的地面也滋润不过来的春雨!

王蒙《蝴蝶》

③ 候机楼里的茶,咖啡,可口可乐,橙子汁,番茄汁,三明治,热狗,汉堡包,意大利煎饼,生菜色拉,熏鱼,金发的白人与银发的黑人,巴黎香水与南非豆蔻,登机前的长吻。女士们,先生们,飞机号数633……

王蒙《相见时难》

例① 名词、名词性短语排列,呈现了抗日战争时期昆明大西门外的特定场景,为钓人的孩子出场提供了空间语境。例② 是张思远与海云离婚后,对海云的思念。在讲述了"他看不得海云的孩子般的面孔上缀满泪珠。他宁愿自己受辱。但如果他的爱恰恰是海云的不幸的根苗呢?呵,呵,呵!"之后,以名词性短语排列的形式,将人物、景物呈现出来,表达了对往事的追忆、悔恨。例③ 蓝佩玉在芝加哥机场候机回国时场景的描绘,展现了世界最大航空港之一的芝加哥机场的风土人情。

(8) 排比:三个或三个以上结构相同或相似的短语或句子排列在一起,表达相关的内容。

排比可以有提携语,也可以没有提携语。匀整的句式构成语义的复沓,在增强形象性的同时,又富于抒情韵味。如:

① 这么大的人,拉上那么美的车,他自己的车,弓子软得颤悠颤悠的,连车把都微微的动弹;车箱是那么亮,垫子

是那么白,喇叭是那么响;跑得不快怎能对得起自己呢,怎能对得起那辆车呢?

老舍《骆驼祥子》

②明海在家叫小明子。他是从小就确定要出家的。他的家乡不叫"出家",叫"当和尚"。他的家乡出和尚。就像有的地方出劁猪的,有的地方出织席子的,有的地方出箍桶的,有的地方出弹棉花的,有的地方出画匠,有的地方出婊子,他的家乡出和尚。

汪曾祺《受戒》

③他至少已经经历了不止一次狂欢与兴奋。歌曲如痴如醉,鼓掌腾云驾雾,口号惊天动地,彩旗霞光万道,集会燃烧沸腾,铁树开了花,哑巴说了话,奴隶挺起胸,恶霸伏了法,天翻身,地打滚,你还在想什么?

王蒙《奇葩奇葩处处哀》

④于是,对于长江的想念,对于湿润的想念,对于流畅的想念,对于一泻千里的想念,对于无边无际的想念,对于信马由缰的想念便占据了我的整个大脑空间包括夜里的梦。

池莉《致无尽岁月》

⑤枝头的树叶呀,每年的春天,你都是那样鲜嫩,那样充满生机。你欣悦地接受春雨和朝阳。你在和煦的春风中摆动着你的身体。你召唤着鸟儿的歌喉。你点缀着庭院、街道、田野和天空。甚至于你也想说话,想朗诵诗,想发出你对接受你的庇荫的正在热恋的男女青年的祝福。

王蒙《蝴蝶》

例①描绘"车箱""垫子""喇叭"这些车上的要件,以"那么"

关联的排比句抒发了祥子喜悦爱车之情。例②用"有的"为提携语,组成排比句,列数各地的职业特色,以引出明海家乡"出和尚"的特色。例③以排比句列数概括了沈卓然人生经历"狂欢与兴奋"的各个历史阶段,体现其阅历丰富。例④以"对于……的想念"为排比句式,抒发了对曾经经历的怀念之情。例⑤先以呼告呼唤"枝头的树叶",而后以"你"领起组成的排比抒写树叶的"鲜嫩""充满生机"。结合上文对前妻海云的叙事,此处的树叶实际上是海云的化身,是对曾经生机勃勃投身革命运动的海云的形象描绘,也是为海云最后命运的哀叹,这片树叶"竟是在春天,在阳光灿烂的夏天刚刚到来之际就被撕掳下来","你永远不会再接受到阳光和春雨的爱抚了,你也永远不能再发出你的善良的絮语了"与前面的生机勃勃形成鲜明对比,令人感慨万千。

(9)反复:重复使用同一个词、短语或句子,通过增强语言气势来增强形象性。

反复常与排比兼用,如上例,例①"那么"的反复,例②"有的地方"的反复,例④"对于……的想念"的反复,例⑤"你"的反复,都以语词的复沓作为排比的提携语,增强了抒情韵味。由于反复与排比的特点,两种辞格经常兼用。如:

> 我咒骂夏天的炎热,我咒骂电视里的节目,我咒骂嘎嘎作响的破电扇,我咒骂刚刚吃过的晚餐,我咒骂晾在阳台上的短裤……
>
> 余华《空中爆炸》

排比句中复沓出现"我咒骂",将"我""结婚以后就开始不满现实"的心理以调侃表露出来。当然,反复并非都出现在排比句

中,也并非连续反复,它可以在同一个段落中跳跃反复,而且反复者并非同一个话语主体。如:

  唐早晨说:"你们别喊来喊去的,让那么多人听到,没看到他们都在笑吗?把我搞得臭名昭著。"
  陈力达的妻子问:"唐早晨在说些什么?"
  我说:"他让我们别再这么喊来喊去了,要不他就臭名昭著了。"
  "他早就臭名昭著了。"陈力达的妻子在上面喊道。
  "是啊。"我们同意她的话,我们对唐早晨说,"其实你早就臭名昭著了。"

余华《空中爆炸》

唐早晨是个"女人太多"的花花公子,一有夫之妻的丈夫在他家楼下等着报仇,他找了几个哥们儿救场,但在回家路上又不由自主跟随另一个女子走了。"臭名昭著"在不同人的口中反复出现,突出了唐早晨这个花花公子恶习不改的丑陋嘴脸,同时表现了年轻人之间单纯而又荒唐任性的友谊。

(10)层递:连用结构相同或相似的语句,表示内容上层层递进的关系。

根据逻辑关系走向,分递升与递降两类,以递升为常见。递升即按照事物顺向关系级级上升。如:

  ①然而汽车在奔驰,每小时六十公里。火车在飞驰,每小时一百公里。飞机划破了长空,每小时九百公里。人造卫星在发射,每小时两万八千公里。轰隆轰隆,速度挟带着威严的巨响。

王蒙《蝴蝶》

②我在这条路上走了整整一天,已经看了很多山和很多云。所有的山所有的云,都让我联想起了熟悉的人。我就朝着它们呼唤他们的绰号,所以尽管走了一天,可我一点也不累。我就这样从早晨里穿过,现在走进了下午的尾声,而且还看到了黄昏的头发。但是我还没走进一家旅店。

余华《十八岁出门远行》

例①张思远回忆前妻海云在1957年被打成右派后离婚的往事,感慨"地老天荒,即使这个地球消逝了,而宇宙间的星云又重新结合成一个又一个的新的地球,你却永远不会再接受到阳光和春雨的爱抚了,你也永远不能再发出你的善良的絮语了"之后,出现了上述文字,以汽车、火车、飞机、人造卫星的不同时速递升,表现了世界迅猛发展的历史趋势,以体现个人无法抗拒历史演变。例②以"早晨""下午""黄昏"时间顺序层层递升,表现了"我"一天的行程。

递降即按照事物反向的逻辑关系层层递进。如:

从长历史的中国来到短历史的美国,各自心中怀有一部离骚经,"文化乡愁"版本不一,因人而异,老辈的是木版本,注释条目多得几乎超过正文,中年的是修订本,参考书一览表上洋文林林总总,新潮后生的是翻译本,且是译笔极差的节译本。

木心《哥伦比亚的倒影》

"老辈的""中年的""新潮后生的",是对人生不同年龄段的倒叙,比喻的兼用,将不同年龄对"文化乡愁"的不同感悟形象表达出来。

(11)引用:引用古诗文、语录等现成话语或事例,印证说明

自己的话语,增强形象感、说服力。如:

> 方鸿渐盘算一下,想爱尔兰人无疑在捣鬼,自己买张假文凭回去哄人,岂非也成了骗子?可是记着,方鸿渐进过哲学系的——撒谎欺骗有时并非不道德。柏拉图《理想国》里就说兵士对敌人,医生对病人,官吏对民众都应该哄骗。圣如孔子,还假装生病,哄走了儒悲,孟子甚至对齐宣王也撒谎装病。父亲和丈人希望自己是个博士,做儿子女婿的人好意思教他们失望么?买张文凭去哄他们,好比前清时代花钱捐个官,或英国殖民地商人向帝国府库报效几万镑换个爵士头衔,光耀门楣,也是孝子贤婿应有的承欢养志。反正自己将来找事时,履历上决不开这个学位。索性把价钱杀得极低,假如爱尔兰人不肯,这事就算吹了,自己也免做骗子。
>
> 钱锺书《围城》

方鸿渐引用柏拉图《理想国》、孔子和孟子之事为自己买假文凭找依据,这是在父亲和丈人逼迫下的无奈之举,引经据典,表现了方鸿渐的自我调侃。

2. 辞情谐趣的修辞格

以辞情谐趣效果见长的修辞格,有赖于汉语的特点构成。具有辞情谐趣的修辞格可以是着重于形式上的,也可以是着重于语义方面的。形式上的主要有:对偶、顶针(真)、回环、仿拟等。语义上的主要有:婉曲、双关、通感、别解、诡谐等。

(1)对偶:字数相等、结构相同、语义相关的两个短语或句子形成两两相对的修辞格。

古代汉语单音节词为主的特点,使对偶成为常用的语言模式,在亭台楼阁、名胜古迹留下了古人对偶的瑰宝。对偶甚至出

现在文人墨客的诗文唱和、休闲调笑中,传说李白上朝,遇杨国忠。杨国忠出上联,由李白对下联,于是有了这样的对句:

　　两猿截木山中　问猴儿如何对锯

　　匹马陷身泥里　看畜生怎样出蹄

这个对句中还含有双关,"对锯"实为"对句","出蹄"实为"出题"。杨国忠想捉弄李白,可在文字高手李白面前反而被嘲弄。

　　格律诗中多由两两相对的对偶组成。如:

　　① 风急天高猿啸哀,

　　　　渚清沙白鸟飞回。

杜甫《登高》

　　② 野径云俱黑,

　　　　江船火独明。

杜甫《春夜喜雨》

上下句结构相同,词性相对,平仄相谐,语义相关,形成严格的对句。

　　散文中也不乏对偶,整齐的对句穿插在散句中,整散错落有致。如:

　　① 石榴有梅树的枝干,有杨柳的叶片,奇崛而不枯瘠,清新而不柔媚,这风度实兼备了梅柳之长,而舍去了梅柳之短。

郭沫若《石榴》

　　② 此时心定如冰,神清若水,漠然肃然,直至歌声渐远……

冰心《寄小读者·通讯十一》

例 ① "奇崛而不枯瘠"与"清新而不柔媚","梅柳之长"与"梅

102

柳之短"字数相同,结构相同,词性相对,形成对句。例②"心定如冰"与"神清若水"也构成整齐的对句。这些整句穿插在散句之间,错落有致。

(2)顶针:又称"顶真",即后一句开头重复前一句末尾的字词,构成链式结构,在体现事物内在关联的同时,呈现出一种文字情趣。如:

①天安门是皇城的正门。皇城之内是护城河。护城河之内是紫禁城。紫禁城之内是皇宫。

聂华苓《三十年后》

②"我前世造了什么孽啊?今生让何小勇占了便宜,占了便宜不说,还怀了他的种;怀了他的种不说,还生下了一乐;生下了一乐不说,一乐还闯了祸……"

余华《许三观卖血记》

例①用顶针将特定地点按顺序连缀起来,清晰表现了地理位置。例②是许玉兰的哭诉。儿子一乐打伤了方铁匠的儿子,要赔偿,许玉兰认为应该找一乐的生父何小勇要钱,却被揪着头发揿了巴掌,到家后坐在门槛上的哭诉以顶针形式表现了人物对往事前因后果的回忆,表现了说话人无比懊悔的情感。

(3)回环:后句开头是前句的末尾部分,后句末尾又是前句的开头,以回环往复构成特定的语句结构。如:

①童年呵!
是梦中的真,
是真中的梦,
是回忆时含泪的微笑。

冰心《繁星·二》

② 智慧的人绝不劳碌,过于劳碌的人绝不智慧。

林语堂《中国的悠闲理论》

例①"梦中的真"与"真中的梦"构成回环,表现了童年纯真与梦想并存的美好岁月。例②以回环形式体现了"智慧"与"劳碌"的辩证关系。

(4)仿拟:将现成词语或格式加以改造,模仿生成新的词语或格式。可分为仿词、仿句、仿篇。如:

① 我不晓得为什么中国人不分黑白的把汉奸与小人叫作走狗,倒仿佛狗是不忠诚不义气的动物。我为狗喊冤叫屈!猫才是好吃懒做,有肉即来,无食即去的东西。洋奴与小人理应被叫作"走猫"。或者是因为狗的脾气好,不像猫那样傲慢,所以中国人不说"走猫"而说"走狗"?假若真是那样,我就又觉得人们未免有点"软的欺,硬的怕"了!不过,也许有一种狗,学名叫作"走狗";那我还不大清楚。

老舍《狗》

② 导师对师母这种给鹦鹉画地为牢的做法很有意见,口头和书面抗议了无数次,认为她既没有人道主义,也没有鸟道主义,万物生长靠太阳,而书房在北面,窗外还有棵大榉树遮着,几乎经年没有阳光。

阿袁《师母庄瑾瑜》

③ 丈夫是女人的职业,没有丈夫就等于失业,所以该牢牢捧住这饭碗。哼!我偏不愿意女人读了那本书当我是饭碗,我宁可他们瞧不起我,骂我饭桶。"我你他"小姐,咱们没有"举碗齐眉"的缘分,希望另有好运气的人来爱上您。想到这里,鸿渐顿足大笑,把天空月亮当作张小姐,向她挥

104

手作别。洋车夫疑心他醉了,回头叫他别动,车不好拉。

钱锺书《围城》

三例均为仿词。例①、例②仿与被仿词语都出现。例①"走猫"仿"走狗"而来,为狗"喊冤叫屈",表达褒狗贬猫的情感倾向。例②"鸟道主义"仿"人道主义"而来,师母不喜欢鹦鹉,把鹦鹉放在方寸书房,引起导师不满,多次抗议,甚至上纲上线,上升到"主义"层面,诙谐可笑。例③"举碗齐眉"仿"举案齐眉",被仿词虽未出现,但是为大家所熟悉的成语,代指夫妻之意自现。方鸿渐仿此调侃对他人介绍的"我你他"小姐的不屑一顾。

有的仿句是反其意而仿。如:

> 面对车流,那些著名的广告词仿佛都可以接上大煞风景的后半句:车到山前必有路——路到城里必堵。有路就有丰田车——丰田被堵也没辙。今天,你用了吗?——今天,你堵了吗?

乔叶《车生活》

"今天,你用了吗?"是护肤品广告"可滋泉的水,今天你用了吗?",仿此构成"你堵了吗?"。上文是将丰田车广告语拆开,各对接反映现实现象的语句。这一仿拟不是顺成的,而是反其意而仿,这就打破了仿拟一般仿与被仿语义是顺承的常规。再如:

> 天降大任于斯人,必须让其酒足饭饱,不再有口腹之欲。这是列可立早在他三十岁那年,从他的人生经历里面总结出来的一条真理,列可立的真理与古代圣贤的意思正好相反。

池莉《惊世之作》

"天降大任于斯人,必须让其酒足饭饱,不再有口腹之欲。"是仿

《孟子·告子》:"天将降大任于斯人也,必先苦其心志,劳其筋骨,饿其体肤,空乏其身,行拂乱其所为,所以动心忍性,增益其所不能。"正如文中所说,"列可立的真理与古代圣贤的意思正好相反",仿句既概括了列可立的人生经历,又表现了调侃意味。

(5)婉曲:含蓄委婉的话语表达,将真实的含义隐含在婉曲的说法中。如:

①他亲戚曾经写给他一封信,这左角印"行政院"的大信封上大书着"陆子潇先生",就仿佛行政院都要让他正位居中似的。他写给外交部那位朋友的信,信封虽然不大,而上面开的地址"外交部欧美司"六字,笔酣墨饱,字字端楷,文盲在黑夜里也该一目了然的。这一封来函,一封去信,轮流地在他桌上装点着。

钱锺书《围城》

②他崇尚俭朴,连姓名也简单到了姥姥家。四六年他到达解放区以后,更名为丁一。他起这个名字的时候,还没有时兴按姓氏笔画为顺序排列主席团名单。再说,除了在"史无前例"的那些年表演那种时髦的腰背屈俯柔软操以外,他也没上过主席台。

王蒙《说客盈门》

③卫生间里能够提供免费手纸,足以证明白谷狗医生的确是受过国外良好教育的优质公民。洗完手晾干出来,迎面,视线又跟墙上的照片打了个碰头。我紧了紧瞳距,觑眯着眼儿再度瞻仰,这才看出博士照片与别处不同的是那顶帽子。一般来说,毕业典礼上被大学校长开过光的博士帽,穗子应该给拨到左边。白谷狗的这个帽穗却耷拉在右

边。不知他这是要闹哪样。

徐坤《地球好身影》

婉曲真实含义的理解特别需要借助语境。例①看似客观地陈述两封信"轮流地在他桌上装点着",但联系上下文语境,"那位亲戚国而忘家,没来过第二次信;那位朋友外难顾内,一封信也没回过"。可以看出,亲戚与朋友虽然身处要职,但实际上与陆子潇并无太多来往,而陆子潇却借信件炫耀装扮门面,显得可笑。例②"还没有时兴按姓氏笔画为顺序排列主席团名单",婉曲地说明丁一并非为排序靠前而更名。这一婉曲又是为了引出后一婉曲,"表演那种时髦的腰背屈俯柔软操",实际上是"文革"中的在台上被批斗。委婉地表现了丁一在"文革"中的遭遇。例③是参加"地球好身影"比赛内定为冠军的小鹭鸶赛前到白谷狗医生诊所看病所见环境,白谷狗博士照片博士帽穗子的方向相左,隐含着博士学位真假的影射,与上文根据厕纸判断其"受过国外良好教育的优质公民"相抵牾,又与前面的"我仰视了一眼,恍惚觉得那张博士照有点特别,跟我在别处看到的海龟们的有点不一样,但具体创新在哪里一时也说不清"相配合,嘲讽意味蕴含其中。

(6)双关:借词语的同音或多义条件,有意造成语句的双重意义,明为字面义,实为字里义,以达到嘲讽诙谐的效果。可分谐音双关和语义双关两类。

谐音双关即利用语音相同或相似,来表达两种意义。如:

①"西兰公路"在一九三八年还是有名的"稀烂公路"。

茅盾《风雪华家岭》

②……紧接着一手掐腰,一手指着大波女高声叫骂:

"哎我说,窝头没长眼儿——你穷装哪门子海龟?失败一次就打回原形啦?我看你是长江学院的吧?也就是个工商金融义卖B啊(EMBA)!"

徐坤《地球好身影》

例①"西兰"公路名谐音为"稀烂",体现了公路的劣质。例②"EMBA"半谐音为"义卖B",既表现了说话者"我娘"的无知泼辣,又是对这场商业化比赛闹剧参与者大波女的嘲讽。

语义双关即利用词语或句子的多义性构成双关,明里一个意义,暗里一个意义。如:

姚先生指着她骂道:"人家不靠脸子吃饭!人家再丑些,不论走到那里,一样的有面子!你别以为你长得五官端正些,就有权利挑剔人家面长面短!你大姊枉为生得齐整,若不是我替她从中张罗,指不定嫁到什么人家,你二姊就是个榜样!"

张爱玲《琉璃瓦》

"面子"承前面的"脸子"而来,看似同义,实指气派,巧妙的是,后句"面长面短"又回到前面的"脸子"。在同一段落中,"脸子""面子""面长面短"虚实并用,增添了"面子"双关的趣味性。

(7)通感:打破视觉、听觉、味觉、嗅觉、触觉等感官特定的感觉搭配,将描写甲类感官的词语放在描写乙类事物上,以五官相通,感觉错位表现特殊的形象性。如:

①那女明星的娇声尖锐里含着浑浊,一大半像鼻子里哼出来的,又腻又粘,又软懒无力,跟鼻子的主产品鼻涕具有同样品性。

钱锺书《围城》

②如果说进到天山这里还像是秋天,那么再往里走就像是春天了。山色逐渐变得柔嫩,山形也逐渐变得柔和,很有一伸手就可以触摸到嫩脂似的感觉。

碧野《天山景物记》

③但在它飞舞的时候,我们似乎听见了千百万人马的呼号和脚步声,大海的汹涌的波涛声,森林的狂吼声,有时又似乎听见了情人的切切的密语声,礼拜堂的平静的晚祷声,花园里的欢乐的鸟歌声……

鲁彦《雪》

例①形容女明星的"娇声",用"又腻又粘,又软懒无力"将听觉形象转化为触觉、视觉形象,与上文描写播送风行一时的《春之恋歌》时,"空气给那位万众倾倒的国产女明星的尖声撕割得七零八落——"相呼应,对歌声的厌恶嘲讽形象表露。例②"山色"本是视觉所见,却用"柔嫩""嫩脂"触觉形象体现,突出了山形山色的柔美。例③形容上海下雪的壮观景象,雪花飞舞,本是视觉形象,却以一连串听觉形象展现。无声的雪不但有了声响,而且这些声响是夸大其词的,有波涛汹涌的狂吼,也有欢乐平静的窃窃私语,雪的各种形态化作了可触可感的各种声响,生动形象。

通感有时是借用比喻手法形成的。如:

①微风过处,送来缕缕清香,仿佛远处高楼上渺茫的歌声似的。

朱自清《荷塘月色》

②塘中的月色并不均匀;但光与影有着和谐的旋律,如梵婀玲上奏着的名曲。

朱自清《荷塘月色》

例①用"远处高楼上渺茫的歌声"比喻"缕缕清香",使本体的嗅觉形象转化为了听觉形象,给人以悠远美好之感。例②以"梵婀玲上奏着的名曲"比喻"光与影"的和谐,这一比喻是承前"有着和谐的旋律"而来,使视觉形象转化为听觉形象,给人以奇异的梦幻感。

(8)别解:又叫奇解、曲解、谐解,歪曲原有词义,临时赋予词语原来没有的意义,造成新鲜感,体现幽默调侃意味。

别解可能是有意,可能是无意;可能是意义上的别解,也可能是谐音的别解。如:

> ① 这就是文人学士究竟比不识字的奴才聪明,党国究竟比贾府高明,现在究竟比乾隆时候光明:三明主义。
>
> 鲁迅《言论自由的界限》
>
> ② 长孙媳妇没入过学校,所以没有学名。出嫁以后,才由她的丈夫象赠送博士学位似的送给她一个名字——韵梅。韵梅两个字仿佛不甚走运,始终没能在祁家通行得开。公婆和老太爷自然没有喊她名字的习惯与必要,别人呢又觉得她只是个主妇,和"韵"与"梅"似乎都没多少关系。况且,老太爷以为"韵梅"和"运煤"既然同音,也就应该同一个意思,"好吗,她一天忙到晚,你们还忍心教她去运煤吗?"这样一来,连她的丈夫也不好意思叫她了,于是她除了"大嫂""妈妈"等应得的称呼外,便成了"小顺儿的妈";小顺儿是她的小男孩。
>
> 老舍《四世同堂》

例①是有意的意义别解。"三明主义"由前面三句中的"明"而来,借与"三民主义"的音近,但实际与"三民主义"毫不相干,是对"三民主义"的别解。例②是无意的谐音别解。"韵梅"和"运煤"谐音,是老太爷无意的误解,在表现人物时显得诙谐有趣。别解有时是在改变词语形式基础上形成的。如:

> 姬别霸王,有什么不好呢?覆巢之下无完卵,树倒猢狲散。站错了队,早晚有一死。试想,男人快玩完了,你一个做姬的,在他临去之前自己先抹了脖子,多省心,多便当!做了贞节烈妇还传得义薄云天!不比他亲手灭口杀了你,或者过后被揪着坐老虎凳灌辣椒水要强啊……
>
> 徐坤《地球好身影》

将"霸王别姬"改变为"姬别霸王",主动者和被动者地位发生了改变,语义也变更了。这是白谷狗医生对前来诊疗的小鹭鸶的心理诱导,歪理滑稽可笑,嘲讽了白谷狗的卑劣下作。

(9)诡谐:有意违背正常逻辑推理的话语,以逻辑关系的不合常理,达到谐趣的语言效果。如:

> 我家里人口众多。除了我和我的太太,还有一个娘姨以外,有几千百头的苍蝇,有几千百头的蚊子。苍蝇蚊子和我们很亲近,苍蝇和我们亲近的时候在早晨,蚊子和我们亲近的时候在夜里。所以我们可以很从容地和他们周旋。一缕阳光从窗子射到我的太太的脸上,随后就有一只苍蝇不远千里而来,绕床三匝,不晓得在何处栖止才好,我蜷卧床头,表以待变。只见这只苍蝇飞去飞来,嗡嗡有声,不偏不倚地正正落在我的太太的鼻尖上。
>
> 梁实秋《蚊子与苍蝇》

把苍蝇、蚊子都算作"我家里人口",再以"亲近"写苍蝇、蚊子的叮咬,违反了正常的逻辑事理,却体现了对居住环境的调侃。

111

3. 背离深刻的修辞格

这类修辞格有夸张、反语、强推、对顶、降用、移就、移时、变焦、呵成等。

（1）夸张：有意突破描述对象原有的品性特征，或扩大，或缩小，或超前，以突出事物特点，造成强烈的修辞效果。如：

① 小元道："你这老汉真见不得事！只怕柿叶掉下来碰破你的头，你不敢得罪人家，也还不是照样替人家支差出款？"老秦这人有点古怪，只要年轻人一发脾气，他就不说话了。

赵树理《李有才板话》

② 柏杨先生于是建议，应该组织一个"借书必还大联盟"，对天歃血立誓，誓曰："借书不还，天打雷劈。"凡是盟员，第一，要有不借书的修养。第二，当非借不可，非书主拒绝时，绝不存大丈夫报仇，三年不晚之心。

知识分子最大的伤心之事，莫过于书被人借去如石沉大海，等到自己需要时，呼天天不应，呼地地不灵。

化酒柜为书橱，应先自成立"借书必还大联盟"始。奉告借书不还的恶客，欺负一个手无寸铁的朋友，不算好汉。

柏杨《借书不还，天打雷劈》

③ 王利发：李三，沏一碗高的来！二爷，府上都好？您的事情都顺心吧？

秦仲义：不怎么太好！

王利发：您怕什么呢？那么多的买卖，您的小手指头都比我的腰还粗！

老舍《茶馆》

④六月十五那天,天热得发了狂。太阳刚一出来,地上已经像下了火。

老舍《骆驼祥子》

例①突破了现实生活常识,将"柿叶掉下来"的后果往大里说,凸现了老秦的胆小。例②从组织大联盟,"对天歃血立誓",到"借书不还,天打雷劈"的誓言,以夸张手法表达了柏杨对借书不还行为的极端憎恶。后面形容的"知识分子最大的伤心之事","呼天天不应,呼地地不灵"的感受也是对借书不还情景的极写,与前面呼应,以夸大其词表现了对借书不还的强烈不满。例③"您的小手指头都比我的腰还粗",夸张的对比颠覆了事物的实际情况,表现了王利发对秦二爷的讨好。例④带有超前夸张的意味,本来在太阳映照下,地上才热,"地上已经像下了火"所极写的热却发生在"太阳刚一出来",这就将"天热得发了狂"表现得突出形象。

(2)反语:使用与表义褒贬色彩相反的语词,正话反说或反话正说,表现嘲讽的语义倾向。如:

①你问我家姚老五的技术吗?太差劲了,他做的门窗硬是找不到缝儿,他刨的木板,连苍蝇也落不住。

乐牛《关主任》

②感谢保安,感谢假冒伪劣产品,感谢咱们中国人贪图小便宜的习惯,感谢两耳不闻窗外事的邻居,感谢这个到处都是水货,遍地都是漏洞的世界。

池莉《惊世之作》

例①是正话反说,"太差劲了"看似贬义,但联系后面的具体描写,实为夸赞。例②是反话正说,"感谢"后带出的却是要批判

的对象。有时正话反说或反话正说混杂在同一语段中,增添了表意的复杂性,也增添了话语情趣感。如:

> 凡吸烟的人,大部曾在一时糊涂,发过宏愿,立志戒烟,在相当期内与此烟魔决一雌雄,到了十天半个月之后,才自醒悟过来。我有一次也走入歧途,忽然高兴戒烟起来,经过三星期之久,才受良心责备,悔悟前非。我赌咒着,再不颓唐,再不失检,要老老实实做吸烟的信徒,一直到老耄为止。到那时期,也许会听青年会俭德会三姑六婆的妖言,把它戒绝,因为一人到此时候,总是神经薄弱,身不由主,难代负责。但是意志一日存在,是非一日明白时,决不会再受诱惑。因为经过此次的教训,我已十分明白,无端戒烟断绝我们灵魂的清福,这是一件亏负自己而无益于人的不道德行为。据英国生物化学名家夏尔登(Haldane)教授说,吸烟为人类有史以来最有影响于人类生活的四大发明之一。其余三大发明之中,记得有一件是接猴腺青春不老之新术。此是题外不提。
>
> 林语堂《我的戒烟》

以"一时糊涂""走入歧途"写戒烟者的决定,是正话反说,以"醒悟""良心责备,悔悟前非"写对戒烟的反悔,以"再不颓唐,再不失检"写不戒烟的决心,是反话正说。戒烟得出的结论"无端戒烟断绝我们灵魂的清福,这是一件亏负自己而无益于人的不道德行为"也是违背了常理的,是正话反说。这些对戒烟的反向调侃,在附带所引"人类生活的四大发明"的嘲讽中得到进一步的调侃。

有时反语表现得更为隐晦,需要上下文语境参与解读出相反的意义。如：

> 当初租屋时,曼倩就嫌这垛墙难看,屋主见她反对,愿意减少租金;就为这垛墙,这所屋反而租成了。到最近,她才跟土墙相安,接受了它的保卫。她丈夫才叔对于这粗朴的泥屏,不但接受,并且拥护、夸傲、颂赞——换句话说,不肯接受,要用话来为它粉饰。
>
> 钱锺书《纪念》

才叔的"拥护、夸傲、颂赞"实为无奈的"接受",这从破折号后的"换句话说,不肯接受,要用话来为它粉饰"可以看出。下文引了才叔为这垛墙"粉饰"的一大段话语,一是"古朴","住惯都市里洋房的人更觉得别有风味";一是邻居的白粉墙上被孩子们涂满字画,而这"又黑又糙"的泥墙,让孩子们"英雄无用武之地";再一是敌机轰炸后,警察局通知市民把粉墙刷黑,这泥墙是"天然保护色",省去不少麻烦。这些粉饰的话语,客人"当然加进去笑",曼倩"出于义务地也微笑"。从话语内容和听话者的应付之笑,可以看出,才叔对黑泥墙的"拥护、夸傲、颂赞"并非真情,而是"不肯接受",否则就不用"粉饰"了。

（3）强推：有意违反逻辑推理的充足理由律,以推理不当表现幽默调侃。如：

> ①鸿渐一下午看得津津有味,识见大长,明白中国人品性方正,所以说地是方的,洋人品性圆滑,所以主张地是圆的。中国人的心位置正中,西洋人的心位置偏左,西洋进的鸦片有毒,非禁不可。中国土地性质和平,出产的鸦片吸食也不会上瘾。梅毒即是天花,来自西洋。
>
> 钱锺书《围城》

②等到曹千里明确了这个饿字,所有的饿的征兆就一起扑了上来,压倒了他;胳臂发软,腿发酸,头晕目眩,心慌意乱,气喘不上来,眼睛里冒金星,接着,从胃里涌出了一股又苦又咸又涩又酸的液体,一直涌到了嘴里,比吃什么药都难忍……

该死的字典编纂者!他怎么收进了一个"饿"字!如果没有这个饿字,生活会多么美好!

王蒙《杂色》

例①方鸿渐回国后为了应付演讲,看了父亲推荐的《问字堂集》《癸巳类稿》《七经楼集》《谈瀛录》等书,有了此番感悟。由中国人和洋人的品性特点,推论地的方圆,由中国人和洋人心的位置,推论鸦片的毒性,如此等等,显然是荒谬的。与其说方鸿渐看后"明白",不如说是为这些书的荒诞而"识见大长",强推体现了调侃意味。例②先有现象,才出现了指称事物的词,这是词语生成的常识。却故意说成"如果没有这个饿字,生活会多么美好",颠倒了词语生成与现实现象的因果关系,制造了反逻辑的荒诞。无奈中的调侃,苦中作乐的黑色幽默,让人在对曹千里的同情中哑然失笑。

(4)对顶:将意思相反或相对的词语按一定方式组合在一起,说明同一事物或道理,以矛盾的表象体现深刻的内涵。如:

①在我看来,大千世界芸芸众生,无不在做白日梦。乞丐在做黄金梦,光棍在做美女梦,连狗都会梦到吃肉而不是吃屎。一个数学家梦想证出个大定理,也是合情合理。在这个世界上总有一点可能好梦成真,但也可能不成真就到了梦醒时分。我们需要这些梦,是因为现实世界太无趣。

王小波《红拂夜奔》

②这场轰轰烈烈的爱情悲剧、这件家族史上骇人的丑闻、感人的壮举、惨无人道的兽行、伟大的里程碑、肮脏的耻辱柱、伟大的进步、愚蠢的倒退……已经过去了数百年,但那把火一直没有熄灭,它暗藏在家族的每一个成员的心里,一有机会就熊熊燃烧起来。

莫言《红蝗》

③尖利的树梢,柔曼的草尖,狰狞的朽石——在他的指尖划过,给他留下一丝丝冰凉的温暖。

徐坤《先锋》

例①"乞丐"与"黄金梦"、"光棍"与"美女梦"是矛盾的,构成了对顶,形象表现了芸芸众生的白日梦。例②因为近亲交配导致了家族的衰败,家族严惩"热恋着的一对手足上生蹼膜的青年男女","蔑视法规的小老祖宗"被"制定法规的老老祖宗"活活烧死。对此事件的极度褒贬交织在同一段文字中,同指一个现象,体现了对事件亦悲亦怜亦颂的复杂情感。例③"冰凉"与"温暖"互为反义,却构成修饰关系,表现了一种复杂的体验。有时对顶词语之间的矛盾可能并非字面上的对立,而是隐含在语义的深层。如:

也许铜的要绿成翡翠,
铁罐上绣出几瓣桃花;
再让油腻织一层罗绮,
霉菌给他蒸出些云霞。

闻一多《死水》

"铜的""铁罐上""油腻""霉菌"都是对"一沟绝望的死水"中"多扔些破铜烂铁""泼你的剩菜残羹"之后的描绘,但这些丑陋肮脏的事物却在诗句中与"翡翠""桃花""罗绮""云霞"这些描写优美景物的词语相关联,相组合,以"绿成""绣出""织""蒸出"这些动词关联为比喻的本体与喻体关系,化丑为美,构成了强烈的美丑对立,却又统一为同一对象。新月派代表诗人闻一多赴美留学归国后,看到的是军阀混战、满目疮痍的旧中国景象,由痛苦、失望,转而极度愤怒。于是感慨"这是一沟绝望的死水,/这里断不是美的所在,/不如让给丑恶来开垦,/看他造出个什么世界"。事物的美丑对顶中就寄寓着这种复杂的情感。

(5)降用:大词小用,或大语小用,将庄重严肃的词语、句子降级用于小事,形成词语级别上的不对等,表现诙谐调侃。如:

① 然后,瑞丰警告孩子们:"我写字的时候,可要躲开,不许来胡闹!"

祁老人是自幼失学,所以特别尊敬文字,也帮着嘱咐孩子们说:"对了,你二叔写字,不准去裹乱!"这样"戒严"之后,他坐在自己屋里,开始聚精会神的研墨。

老舍《四世同堂》

② 我的生母没有办法蹲下去,是肚子里的我阻挡了她的这个动作,她只好双腿跪下,也顾不上厕所地面的肮脏,她脱下裤子以后,刚刚一使劲,我就脱颖而出,从厕所的圆洞滑了出去,前行的火车瞬间断开了我和生母联结的脐带。

余华《第七天》

③ 从一九八五年九月一日开始,苟泉正式实施自己的婚姻工程。他给这项工程很秘密的取了个代号:鹊巢行动。行动是全方位、多层面展开的,自己努力辅之以党、政、

工、团。行动的纲领是建立城市家庭,目标则是找一个与苟泉结婚的城市姑娘。

毕飞宇《家里乱了》

例①"戒严"原用于政府机构对某些区域的管制措施,此处却降用为瑞丰写字时不许孩子们捣乱,饶有趣味。例②是杨飞出生在火车上厕所洞里的描写,"脱颖而出"原意为锥尖透过布囊显露出来,比喻人的本领全部显露出来,此处却用于胎儿迅速脱离母体,充满调侃意味。例③"工程""代号""全方位""多层面""行动的纲领"这些具有宏大规模带有严肃意味的词语,描述的却是找对象的日常生活事宜,把苟泉这个农村小伙大学毕业后"要在城市生根、开花、结果"的愿望和决心诙谐地表现出来。

(6)移就:有意把描写甲事物的词语移用来描写乙事物,以陌生搭配造成强烈效果。如:

①每一扇窗口都放射出几缕枯黄的温馨或柔情,雾霭中飘来女妖悠久迷人的歌声。秃头撒旦正在苍茫的路上踽踽独行,神不再为他提着那盏指路的红灯,他只能用秃头为自己释放灰色的光明。

徐坤《先锋》

②一轮巨大的水淋淋的鲜红月亮从村庄东边暮色苍茫的原野上升起来时,村子里弥漫的烟雾愈加厚重,并且似乎都染上了月亮的那种凄艳的红色。

莫言《枯河》

③他的声音里有着源远流长的疲惫,我听出来他不是给我打电话说"我是殡仪馆的"那位。我为自己的迟到道歉,他轻轻摇摇头,用安慰的语调说今天有很多迟到的。我

的预约号已过期作废,他走到入门处的取号机上为我取号,然后将一张小纸片交给我。

余华《第七天》

例①先锋画家撒旦辉煌后失落,"一夜梦醒之后发现自己被鬼剃了头",于是想离开城市,去寻根归隐。这是他出城时的情景描绘。"温馨或柔情"是无形的情感,却以数量"几缕",色彩"枯黄"修饰,移就使之具有了形状。以"灰色"修饰"光明",也是结构关系的颠覆,将光明已不复存在体现出来。例②这是小说开端的描绘,以"水淋淋""鲜红"修饰月亮,营造了一种怪异的景象,渲染了被打的孩子离家出走,最后惨死的环境。例③描写即将火化的"我"与殡仪馆工作人员的对话,以"源远流长"修饰"疲惫",表现了长久从事火化工作人员的心理生理状态,与全文的调侃风格相和谐。

(7)移时:打破时间秩序的描述,或古词今用,或今词古用,通过时间错位达到嘲讽的目的。如:

①早在唐太宗即位的贞观元年,就有人打小报告,说魏征"阿党亲戚";审查一阵,"查无实据",搁了下来。贞观十七年,魏征刚死,因为出了另一起案件,唐太宗又怀疑起魏征生前搞小集团。后来又发现魏征把前后"谏诤言词往复"的记录抄给史官,有整"黑材料"之嫌,唐太宗更加不高兴,一怒撤销了把衡山公主下嫁魏征长子的婚约,又把亲笔给魏征作文书写的墓碑推倒。假如魏征不死于贞观十七年,到了贞观十八年会怎么样,就很难说了。

邵燕祥《切不可巴望"好皇帝"》

②李白离开四川来到湖北,在湖北一住就是十年,是

怎么办理调动的？户口怎么进城的？可是入赘到武汉一个女军官家了？显然不是！显然，李白自由得跟神仙一样，才有了神仙般飘逸的诗句。如今怎么可能出好诗人和好编剧呢？啊！生不逢时啊！我想念那遥远的唐朝！

池莉《所以》

例①"打小报告""审查一阵""搞小集团""整'黑材料'"等"文革"语词，出现在"唐太宗""贞观元年"，造成时空错位，整段文字显现了调侃意味。例②"办理调动""户口进城""入赘"等当代语词用于对李白的叙述，也是跨越了时空界限，带有了调侃意味。

将各不同时代人物交织在一起，形成跨时空交际，也是移时的典型表现。如：

> 撒旦目瞪口呆，正在暗自吃惊，却见康熙和乾隆迈着帝王的方步向他走来，不由分说，搜刮干净他兜里的所有现金，生拉硬拽把他拖进园去。正盘腿坐在炕上交流着垂帘听政经验的武则天和慈禧，一见撒旦进来，忙招呼他脱鞋上炕……后宫三千粉黛走马灯似地从台子上一一转过，幽幽怨怨的眉眼秋波快要把撒旦给淹迷瞪了。
>
> 撒旦惊惶地后退，一个趔趄，不小心踩响了又一个机关，传送带嗖嗖嗖立即把他输送到特洛伊电动旋转木马上。美女海伦从马肚子里探出头来，抱住撒旦的脚丫使劲亲吻，直舔得撒旦难以自持欲仙欲死，双腿夹紧马肚子猛的一磕，木马受惊尥了一个蹶子，忽地一道曲线把他抛上了迪士尼高速过山车。

徐坤《先锋》

20世纪80年代的先锋画家撒旦不但与康熙、乾隆、武则天、慈禧交际,还与古希腊美女海伦交际,这一荒诞的画面与整个文本对先锋画家的嘲讽构成一体,嘲讽了"城市上空艺术家密布成灾"的混乱景象。

(8)变焦:接话者有意或无意避开发话者话语的焦点核心,将话语往另一核心接答,以巧妙抵制发话者的话语目的。如:

① 郭德纲:有个节目说抽烟有害健康,容易猝死。

于谦:对。

郭德纲:把我给吓坏了,我打这起,

于谦:戒烟了?

郭德纲:不看这节目了。

相声《我要幸福》

② 赵辛楣喉咙里干笑道:"从我们干实际工作的人的眼光看来,学哲学跟什么都不学全没两样。"

"那么得赶快找个眼科医生,把眼光验一下;会这样看东西的眼睛,一定有毛病。"方鸿渐为掩饰斗口的痕迹,有意哈哈大笑。

钱锺书《围城》

例①按照正常的接答思路,郭德纲的回答应该是如于谦所说"戒烟",但却跳出话语常规,接答"不看这节目了",以出人意料制造幽默。例②方鸿渐的接答改变了赵辛楣"眼光"的引申义,将其还原为"眼光"的基本义,这就以"斗口"还击了对方。

(9)呵成:即语音变异中的无标点文字,取消句子该有的标点符号,一气呵成,形成无停顿语流,以表现思想的连贯、决绝、事物的繁多,环境渲染等。如:

①我们并肩走着秋雨稍歇和前一阵雨像隔了多年时光我们走在雨和雨的间歇里肩头清晰地靠在一起却没有一句要说的话我们刚从屋子里出来所以没有一句要说的话这是长久生活在一起造成的滴水的声音像折下一支细枝条父亲和我都怀着难言的恩情安详地走着。

苏童《1934年的逃亡》

②每当在街上他看见男人低三下四地拎一大堆包跟在一个趾高气扬的女人身后抑或在墙角和树下什么的地方看见男人一脸胆怯向女人讨好时他都恨不得冲上去将那些男女统统揍上一顿。

方方《风景》

例①是"我"在父亲病重时背对病床给他背诵的"一名陌生的南方诗人"的诗。以无标点停顿组合而成的诗句,充满了吟咏般的情感流淌,别具一格地表现了"如歌如泣地感动我"的父子间平凡而深挚的情感。例②是三哥在二哥殉情自杀后对女人产生的逆反心理的表现,无间隔话语表现了三哥的决绝态度,体现了二哥自杀所引发的心痛之深切。

(二)修辞格的综合运用

1.连用

修辞格的连用,是在一句话或一段话中,有两种或两种以上的修辞格接连使用,以实现前后搭配、相互映衬,达到更好的表达效果。

(1)比喻作为"超级大格"使用频繁,使用面广,常与其他修辞格连用。

比喻与比拟连用最为常见。如：

① 吴天宝好比一丛大路径上的马兰草，自打发芽那天起，从来没人怜爱他，浇他一滴水，他却有股野生的力量，任凭脚踩，车轱辘轧，一直泼辣辣地长着。有一天，他得到阳光，得到雨水，开了花了，用整个生命开朵花，蓬蓬勃勃地朝向着生活。

杨朔《三千里江山》

② 大江在这里被劈成两半。长江拦腰斩断之后，在孤岛的两翼白缎一般因风飘散。顺着江水东去，孤岛像一只负重的灰色巨鳄，吃力地溯游爬行，沿着你的错觉向你森森匍匐。水块厚重，从江底挤出江面时缓慢而又固执，呈蘑菇状簇拥冢突，大片大片浑浑黄黄地旋转。这旋转笨拙、执拗、舒坦，每一刻都显现出固体的傲慢与自负。

毕飞宇《孤岛》

例①先将吴天宝比作"一丛大路径上的马兰草"，是比喻；接着直接以马兰草的发芽生长过程来写吴天宝，是比拟。形象体现了吴天宝凭借"野生的力量"，蓬勃生长的生命活力。例②先以"负重的灰色巨鳄"比喻孤岛，接着用"吃力地溯游爬行"，"森森匍匐"，直接将孤岛当作巨鳄来描写，是比拟。有的比拟在前，比喻在后。如：

这辆车久历风尘，该庆古稀高寿，可是抗战时期，未便退休。机器是没有脾气癖性的，而这辆车倚老卖老，修炼成桀骛不驯、怪癖难测的性格，有时标劲像大官僚，有时别扭像小女郎，汽车夫那些粗人休想驾驭了解。

钱锺书《围城》

先以"该庆古稀高寿""退休""倚老卖老""修炼成桀骜不驯、怪癖难测的性格",将车当作人来写,而后以"大官僚""小女郎"作喻,表现车的各种不配合状态。风趣地突显了方鸿渐一行人在去三闾大学路上所乘坐的车的古旧,战时旅程的艰辛。

比喻与其他修辞格的连用也很常见。如:

①外面的黑暗渐渐习惯了,心中似乎停止了活动,他的眼不由的闭上了。这时候不知道是往前走呢,还是已经站住了,心中只觉得一浪一浪的波动,似一片波动的黑海,黑暗与心接成一气,都渺茫,都起落,都恍惚。

老舍《骆驼祥子》

②老张在讲台上往下看,学生们好似五十多根小石桩。俏皮一点说,好似五十多尊小石佛;瞪着眼,努着嘴,挺着脖子,直着腿。也就是老张教授有年,学务大人经验丰富,不然谁吃得住这样的阵式!五十多个孩子真是一根头发都不动,就是不幸有一根动的,也听得见响声。学务大人被屋里浓厚的炭气堵的,一连打了三个喷嚏;从口袋里掏出日本的"宝丹",连气的往鼻子里吸,又拿出手巾不住的擦眼泪。

老舍《老张的哲学》

③女人们脸上都出现一种荒凉的表情,好像寸草不生的盐碱地。

莫言《透明的红萝卜》

④一次爱情就像吃了一个巧克力壳的冰棍。开头是巧克力,后来是奶油冰淇淋。最后嘴里剩下一个干木棍。

王小波《黄金时代》

⑤报纸上的文字黑压压地如同布满弹孔的墙壁堵住我的眼睛,我艰难地读着这些千疮百孔般的文字,有些字突然不认识了。

余华《第七天》

例①是比喻与排比连用,先用"一片波动的黑海"比喻心中"一浪一浪的波动",接着"都渺茫,都起落,都恍惚"三个句式构成排比,形容心与黑暗融为一体的感觉,突出展现了祥子在兵荒马乱中的无助。例②是比喻与夸张连用。"五十多根小石桩""五十多尊小石佛"的取喻突显了孩子们的一动不动。"一根头发都不动,就是不幸有一根动的,也听得见响声",进一步用夸张描绘了孩子们的不动,体现老张的治理,学务大人的威严。例③是比喻与移就连用。以"荒凉"修饰"表情",是移就,接着用"寸草不生的盐碱地"作喻,使"荒凉"形象化,突出了女人们神情的淡漠。例④是比喻与层递连用。先以"吃了一个巧克力壳的冰棍"比喻爱情,继而以吃冰棍的过程表现爱情的过程。开始是甜甜蜜蜜,之后是腻味,最后只剩木棍索然无味,这个过程是层递。例⑤是比喻与移就连用。主人公在报纸上看到前妻李青割腕自杀新闻时产生的一种感觉,以"布满弹孔的墙壁"比喻"报纸上的文字","千疮百孔"移就修饰"文字",影射主人公对此消息的难以置信,心理崩溃的"千疮百孔",以至于饭店爆炸,还沉迷其中,顾不得逃生被炸死。

(2)其他多种修辞格连用的。如:

①他们经常打牌。这是个打牌的好地方。把大殿上吃饭的方桌往门口一搭,斜放着,就是牌桌。桌子一放好,仁山就从他的方丈里把筹码拿出来,哗啦一声倒在桌上。

斗纸牌的时候多,搓麻将的时候少。牌客除了师兄弟三人,常来的是一个收鸭毛的,一个打兔子兼偷鸡的,都是正经人。

汪曾祺《受戒》

② 凡花大都是五瓣,栀子花却是六瓣。山歌云:"栀子花开六瓣头。"栀子花粗粗大大,色白,近蒂处微绿,极香,香气简直有点叫人受不了,我的家乡人说是:"碰鼻子香。"栀子花粗粗大大,又香得掸都掸不开,于是为文雅人不取,以为品格不高。栀子花说:"去你的,我就是要这样香,香得痛痛快快,你们管得着吗!"

汪曾祺《夏天》

③ 奖金人选发表以后,据说中国人民全体动了义愤,这位作家本人的失望更不用提。有好多他的同行朋友,眼红地美慕他,眼绿地忌妒他,本来预备好腹稿,只等他获得奖金,就一致对他的作品公开批评,说他不是理想人选。这些人现在都表示同情,大声地惋惜,眼睛的颜色也恢复了正常。

钱锺书《灵感》

例①是借代与反语连用。"收鸭毛的""打兔子兼偷鸡的",用职业代人,这些行业冠以"正经人"则是反语,嘲讽意味显而易见。例②是通感与比拟连用。"香得掸都掸不开"是将嗅觉与视觉相通,极写栀子花的香。接着以栀子花的话语,表现其豪爽,是拟人,将花写活了。例③是仿拟与对比连用。"眼绿"仿"眼红"而来,是仿拟,将同行朋友对作家的美慕嫉妒表现得饶有趣味。"他"的代表作由政府聘专家组织委员会翻译为世界语,参加诺贝尔文学奖奖金评选。评选结果出来前后人们对"他"的不同态度形成了对比,充满了嘲讽意味。

（3）修辞格的连用在文学作品中常见,有超过两种以上的更为复杂的情况。如:

① 红海早过了,船在印度洋面上开驶着,但是太阳依然不饶人地迟落早起,侵占去大部分的夜。夜仿佛纸浸了油,变成半透明体;它给太阳拥抱住了,分不出身来,也许是给太阳陶醉了,所以夕照晚霞隐褪后的夜色也带着酡红。到红消醉醒,船舱里的睡人也一身腻汗地醒来,洗了澡赶到甲板上吹海风,又是一天开始。

钱锺书《围城》

② 髭须是更讨厌的东西,如果蓄留起来,七根朝上八根朝下都没有关系,嘴上有毛受人尊敬,如果刮得光光的露出一块青皮,也行,也受人尊敬,惟独不长不短的三两分长的髭须,如鬃鬣,如刺猬,如刈后的稻秆,看起来令人不敢亲近,鲁智深"腮边新剃暴长短须戗戗的好惨濑人",所以人先有五分怕他。钟馗须鬣如戟,是一副啖鬼之相。我们既不想吓人,又不欲啖鬼,而且不敢不以君子自勉,如何能不常到理发店去?

梁实秋《理发》

③ 方鸿渐吃韩家的晚饭,甚为满意。韩学愈虽然不说话,款客的动作极周到;韩太太虽然相貌丑,红头发,满脸雀斑像面饼上苍蝇下的粪,而举止活泼得通了电似的。鸿渐研究出西洋人丑得跟中国人不同:中国人丑得像造物者偷工减料的结果,潦草塞责的丑;西洋人丑得像造物者恶意

的表现,存心跟脸上五官开玩笑,所以丑得有计划、有作用。

钱锺书《围城》

④ 他的散文和新诗,风格和他的抚摸如出一辙:他的身体很短,他的脸很瘦,他的鼻子向左倾斜,右眼向右垂着;这样一左一右的鞠躬,他似乎要把自己的脸撕得七零八落……他自己的心是一团臭粪,所以他总是在自己的思维里用自己的味道去臭别人。因为他的心是臭的,所以他的世界也是臭的,只有他自己——他觉得——可怜又可爱,像花一样香……

老舍《四世同堂》

例①是比喻、比拟、借代连用。先以"纸浸了油"比喻夜给人的视觉感官,"拥抱""陶醉"是比拟,将"夜""太阳"当作人来写。"红消醉醒"承接前面,代指太阳下山,夜幕降临。例②是比喻、衬托、反问连用。先以"鬃鬣""刺猬""刈后的稻秆"三个喻体连喻"不长不短的三两分长的髭须",再以鲁智深、钟馗须髯之吓人,反衬"我们"的君子之态,最后以反问句表达了必须常到理发店去之意。例③是比喻、比拟、对比连用。先以"面饼上苍蝇下的粪"比喻韩太太的满脸雀斑,用"通了电似的"将韩太太当作电器来写,突出了其相貌之丑与动作活泼之间的差异。韩太太是外国人,所以又将西洋人与中国人的丑做对比,进一步嘲讽了韩太太之丑。例④是比拟、比喻、转品、对顶连用。用"一左一右的鞠躬"写鼻子和眼的倾斜程度,是比拟,将人体部位当作人来写。用"一团臭粪"比喻"他的心"。"臭别人"是将形容词"臭"当动词用,是转品。"他"的实际情况,与"他"对自己的认识构成对比。"斜眼""歪鼻""口臭""心臭"将汉奸蓝东阳的卑鄙龌龊描绘出来,给予无情的嘲讽。

还有其他多种修辞格连用的,如比拟、摹声、仿拟连用:

> 每天一早,文嫂打开鸡窝门,这些鸡就急急忙忙,迫不及待地奔出来,散到草丛中去,不停地啄食。有时又抬起头来,把一个小脑袋很有节奏地转来转去,顾盼自若,——鸡转头不是一下子转过来,都是一顿一顿地那么转动。到觉得肚子里那个蛋快要坠下时,就赶紧跑回来,红着脸把一个蛋下在鸡窝里。随即得意非凡地高唱起来:"郭格答!郭格答!"文嫂或她的女儿伸手到鸡窝里取出一颗热烘烘的蛋,顺手赏了母鸡一块土坷垃:"去去去!先生要用功,莫吵!"这鸡婆子就只好咕咕地叫着,很不平地走到草丛里去了。到了傍晚,文嫂抓了一把碎米,一面撒着,一面"咕咕"叫着,这些母鸡就都即足足地回来了。它们把碎米啄尽,就鱼贯进入鸡窝。进窝时还故意把脑袋低一低,把尾巴向下耷拉一下,以示雍容文雅,很有鸡教。鸡窝门有一道小坎,这些鸡还都一定两脚并齐,站在门坎上,然后向前一跳。这种礼节,其实大可不必。进窝以后,咕咕囔囔一会,就寂然了。
>
> 汪曾祺《鸡毛》

"顾盼自若""得意非凡""雍容文雅"是将鸡当作人来写。"郭格答""咕咕囔囔"是摹声,将鸡的乖巧可爱展现在人们眼前,也为后文鸡被偷做了铺垫。"鸡教"仿"家教"而来,显得风趣。

2. 兼用

修辞格兼用也叫兼格,即一个语言形式里兼有两种以上的修辞格,从此角度看是甲辞格,从另一角度看又是乙辞格。

(1)比喻因其特性,也常与其他修辞格兼用。

比喻兼夸张。如:

①鸿渐道:"……看见他那个四喜丸子的脸,人就饱了。"

钱锺书《围城》

②赵子曰的十万八千毛孔,个个像火车放汽似的,飕飕的往外射凉气。

老舍《赵子曰》

③爹说的话像是一把钝刀子在割我的脖子,脑袋掉不下来,倒是疼得死去活来。

余华《活着》

④他腹痛如刀绞,他被诊断为急性胆囊炎,他做了急诊手术。由于是急诊手术,术前没有来得及倾泻胃肠,手术后便秘,前后五天没有排便,急急使用开塞露,乃至超量,一旦破门而出,犹如堤坝崩溃,四面喷薄而出,全身全床都是粪便,儿子刚从国外赶回,与他共战一宵,闹了个不亦乐乎,他甚至想到了生不如死的命题。

王蒙《奇葩奇葩处处哀》

例①夸张极写曹元朗的脸胖,其中以"四喜丸子"作喻。例②夸张形容赵子曰颓丧泄气的状态,以喻体"火车放汽"给予形象感。例③夸张形容福贵听到父亲训斥后的心痛无奈,喻体"一把钝刀子在割我的脖子"使其感受形象突出。例④极写"他"超量使用开塞露后的情景,喻体"堤坝崩溃,四面喷薄而出"夸张而又形象。

比喻与其他修辞格兼用。如:

①奶奶软疲疲地随着父亲转身进屋。刚刚进屋,就听

到从东南方向传来一阵浪潮般的喧闹,紧接着响了一枪,枪声非常尖锐,像一柄利刃,把挺括的绸缎豁破了。

莫言《红高粱》

②说完这句话,她盯住他的脸,眼睛里流溢出似乎是挑衅的神情,但她的全部姿态,又好像在期待着他的回答。丁钩儿感到震惊,几句粗俗对话后,他感到自己的精神像一只生满蓝色幼芽的土豆一样,滴零零滚到她的筐里去。性的神秘和森严在朦朦胧胧中被迅速解除,两个人的距离突然变得很近。

莫言《酒国》

③房子比职业更难找。满街是屋,可是轮不到他们住。上海仿佛希望每个新来的人都像只戴壳的蜗牛,随身带着宿舍。

钱锺书《围城》

例①是比喻兼通感。"一柄利刃,把挺括的绸缎豁破了"以比喻的形象感和通感的极写度,突出了枪声的尖锐。例②例③是比喻兼婉曲。例②省人民检察院特级侦察员丁钩儿搭乘一辆拉煤的解放牌卡车到罗山煤矿进行特别调查时与女司机对话后的感觉,"一只生满蓝色幼芽的土豆一样,滴零零滚到她的筐里去",以形象的比喻将丁钩儿性欲旺盛,喜欢挑逗女性的特点委婉地表现出来。例③喻体"戴壳的蜗牛"将上海房子的难找隐含其间。

比喻与多种修辞格兼用。如:

辛楣生气道:"你这人真无赖!你倒不说是我自己打鼾,赖在你身上?我只恨当时没法请唱片公司的人把你的声音灌成片子。"假使真灌成片子,那声气哗啦哗啦,又像风涛澎湃,又像狼吞虎咽,中间还夹着一丝又尖又细的声音,忽高忽低,袅袅不绝。有时这一条丝高上去、高上去,细得、细得像放足的风筝线要断了,不知怎么像过一峰尖,又降落安稳下来。赵辛楣刺激得神经给它吊上去、掉下来,这时候追想起还恨得要扭断鸿渐的鼻子,警告他下次小心。

钱锺书《围城》

比喻、通感、借代、夸张四种辞格兼用。用"风涛澎湃""狼吞虎咽"比喻方鸿渐鼾声的声气,"放足的风筝线要断了,不知怎么像过一峰尖,又降落安稳下来"比喻鼾声中"一条丝"的高、细,兼有了比喻、通感、借代、夸张等辞格的特点。

(2)其他辞格兼用。如:

① 鸿渐因为人家说他是"从龙派"外围,又惊又气,给辛楣一问,随口说声"是"。汪太太道:"听说方先生很能说话,为什么今天不讲话。"方鸿渐忙说,菜太好了,吃菜连舌头都吃下去了。

钱锺书《围城》

② 这就是生活了吧?它的面貌就是"补"。折东墙,补西墙;折西墙,补东墙。折南墙,补北墙;折北墙,补南墙。折内墙,补外墙;折外墙,补内墙。折高墙,补矮墙;折矮墙,补高墙。折吧,补吧。折到最后,补到最后,生活会原封不动,却可以焕然一新。

毕飞宇《推拿》

③ "只要你答应了入社,我们立马就走,如果不答应,就让我们的腚在你家炕上生根,让我们的身体在你家抽芽、

长叶、开花、结果,让我们长成大树,把你家的房顶撑开!"

莫言《生死疲劳》

例①是夸张兼婉曲。"菜太好了,吃菜连舌头都吃下去了"这一夸张是为了掩饰方鸿渐不愿说话的尴尬,兼有婉曲的语义表达。例②是仿拟兼繁复。以各种"拆""补"构成繁复,各种拆补是仿熟语"拆东墙,补西墙"而来,是仿拟。例③比拟兼夸张。这是《生死疲劳》第十三章"劝入社说客盈门 闹单干贵人相助",为了消灭最后一家单干户,村里女人们到蓝解放家劝说。女人们将自己的腔、身体比拟成植物,表达了理直气壮地赖着不走,将女人们不达目的绝不罢休的泼辣劲儿表现出来。

3. 套用

修辞格套用指一种修辞格中套用另一种或多种修辞格,形成层层相套的关系。

(1) 比喻与其他修辞格相套。如:

① 批评一个人的美丑,不能只看一部而忽略全体。我虽然说老张的鼻子像鸣蝉,嘴似烧饼,然而决不敢说他不好看。从他全体看来,你越看他嘴似烧饼,便越觉得非有鸣蝉式的鼻子配着不可。从侧面看,有时鼻洼的黑影,依稀得像小小的蝉翅。就是老张自己对着镜子的时候,又何尝不笑吟吟地夸道:鼻翅掀着一些,哼!不如此,怎能叫妇人们多看两眼!

老舍《老张的哲学》

② 慎明道:"关于 Bertie 结婚离婚的事,我也和他谈过。他引一句英国古话,说结婚仿佛金漆的鸟笼,笼子外面的鸟想住进去,笼内的鸟想飞出来;所以结而离,离而结,

没有了局。"

苏小姐道:"法国也有这么一句话。不过,不说是鸟笼,说是被围困的城堡,城外的人想冲进去,城里的人想逃出来。鸿渐,是不是?"鸿渐摇头表示不知道。

钱锺书《围城》

③ "不喝!不喝!"赵子曰的脑府连发十万火急的电报警告全国。无奈这个中央政府除了发电报以外别无作为,于是赵子曰那只右手像饿鹰捉兔似的把酒盅拿起来。酒盅到了唇边,他的脑府也醒悟了:"为肚子不好而喝一点黄酒,怕什么呢!"于是脖儿一仰灌下去了。酒到了食管,四肢百体一切机关一齐喊了一声"万岁!"眉开了,眼笑了,周身的骨节咯吱咯吱的响。脑府也逢迎着民意下了命令:"着令老嘴再喝一盅!"

老舍《赵子曰》

④ 但此刻,

　　长街肃穆,万民伫立,

　　一颗心——一片翻腾的大海,

　　一双眼——一道冲决的大堤。

李瑛《一月的哀思》

⑤ 美兰是一条鱼。美兰是一只雪白的天鹅。美兰是一朵云。美兰是一把老虎钳子。

王蒙《蝴蝶》

例①是婉曲套比喻。婉曲嘲讽老张的长相,其中"鼻子像鸣蝉,嘴似烧饼""鼻洼的黑影,依稀得像小小的蝉翅"是比喻。看似为老张辩解,实为讽刺。②是引用套比喻。所引英国法国古语中套合着比喻,形象说明了结婚离婚的关系。例③是对比套比拟、比喻、离合。"脑府"意为大脑,所发出的命令前后相反,形成了对比。在对比中,将大脑、"四肢百体一切机关"当作人来写,有了人的神情举止。"饿鹰捉兔"比喻右手抓酒杯的快速,将"眉开眼笑"离合为"眉开了,眼笑了",描写意味更浓。例④是对偶套比喻。两个对句中,喻体"一片翻腾的大海""一道冲决的大堤"形象传递了人民对周总理去世的悲哀悼念、痛彻心扉之情。例⑤是排比套比喻。四个喻体给人的形象感是截然不同的,却形容同一个人。下文对美兰的描述可以说是这些喻体的注释:"美兰浑身放着光泽和香气。美兰有一张大白脸。美兰那样坚定地来填补海云留下的空缺,好像这一切都是注定了的。她来接任书记夫人的职务就像他接受书记的职务一样充满信心和不容怀疑。她有时候凝神沉思,脸上显出一种难以捉摸的表情,前额上会出现两道显得有点儿凶恶的竖纹。然而只要一看到张思远,这竖纹便立即消失了,露出迷人的微笑。她的到来使张思远的生活发生了极大的变化。衣、食、住、行,一切都出现了飞跃。"这是张思远任市委书记时,刚与海云离婚,"美兰就来了"。而当"文革"张思远被打成走资派、叛徒,美兰"正式贴出了造反声明,要与他彻底划清界限"。四个喻体概括了美兰的各种嘴脸。

(2)其他修辞格套用。如:

① 不必说碧绿的菜畦,光滑的石井栏,高大的皂荚树,紫红的桑葚;也不必说鸣蝉在树叶里长吟,肥胖的黄蜂伏在菜花上,轻捷的叫天子(云雀)忽然从草间直窜向云霄里去了。单是周围的短短的泥墙根一带,就有无限趣味。油

蛉在这里低唱，蟋蟀们在这里弹琴。翻开断砖来，有时会遇见蜈蚣；还有斑蝥，倘若用手指按住它的脊梁，便会拍的一声，从后窍喷出一阵烟雾。何首乌藤和木莲藤缠绕着，木莲有莲房一般的果实，何首乌有臃肿的根。

鲁迅《从百草园到三味书屋》

②如来佛主一听，仰天大笑："哈哈！哈哈！哈哈哈哈哈！我说你们几个呆和尚！如今这世上，哪有白白传经的？各文化事业单位国家都已不再拨款养活了，经费都要靠自己创收，自负盈亏，你说我们传这点经容易吗？是经不可轻传，亦不可空取。你们空手套白狼，连一点小费都不肯出，所以传给你们一些白本那也怨不得别人。"

徐坤《行者妩媚》

③不许想法太多不许花样太多不许傲气太多，不许大声喊不许放声唱不许粗野不许复杂不许让人听不懂不许让人学不会不许个性太强不许标新立异不许真动感情不许无动于衷不许没有微笑不许眯起眼睛不许咧开大嘴不许肌肉变形不许苛求旋律不许讲究和声不许拒绝发嗲不许拒绝调情不许要求过高不许什么都懂不必择词不必作曲不许配器忘掉歌剧式的拐弯儿旋律忘掉不值钱的复调和声忘掉山里的粗俗民谣除非香港大师唱过或把它加了工同样就合作不同意就拉倒固执己见管不了饭签不签字你们看着办我难道会亏待你们吗？

刘索拉《寻找歌王》

例①衬托内套比拟。以两个"不必说"引出"单是"，前者是为了衬托"泥墙根一带"的"无限趣味"。用"低唱"写油蛉，

"弹琴"写蟋蟀们,孩童的乐趣使动物拟人化。例②移时套反问。如来佛祖与唐僧对话,出现了"文化事业单位""拨款""经费""创收""自负盈亏""小费"等现代语词,产生了时空错位,是移时。其间,又套着两个反问句,加强了如来佛的口吻,传经圣事,穿插入现代经商观念,不伦不类,调侃中带有嘲讽。例③呵成套反复、反问。盲目追崇香港音乐的代理人毫无音乐理念,却故作高深、自以为是,无语流间隔的话语,内套着"不许"的反复,构成了滑稽荒诞的话语形式,与崇高的音乐相背离。

4. 连用、兼用、套用混合

修辞格的综合运用,在文学语言中呈现异彩纷呈。连用、兼用、套用甚至混合在一起,构成琳琅满目的万花筒。

(1)以连用为最大层次,其中交织着兼用、套用等综合运用的为多。如:

① 七巧似睡非睡横在烟铺上。三十年来她戴着黄金的枷。她用那沉重的枷角劈杀了几个人,没死的也送了半条命。她知道她儿子女儿恨毒了她,她婆家的人恨她,她娘家的人恨她。

张爱玲《金锁记》

② 起初,我也怀念江南的春天,"暮春三月,江南草长,杂花生树,群莺乱飞"。这样的名句是些老窖名酒,是色香味俱全的。这四句里没有提到风,风原是看不见的,又无所不在的。江南的春风抚摸大地,像柳丝的飘拂;体贴万物,像细雨的滋润。这才草长,花开,莺飞……

林斤澜《春风》

③ "打狗要看主人面,那么,打猫要看主妇面了……"

颐谷这样譬释着,想把心上一团蓬勃的愤怒像梳理乱发似的平顺下去。诚然,主妇的面,到现在还没瞧见,反正那混账猫儿也不知躲到哪里去了,也无从打他。只算自己晦气,整整两个半天的工夫全白费了。李先生在睡午觉,照例近三点钟才会进书房。颐谷满肚子憋着的怒气,那时都冷了,觉得非趁热发泄一下不可。凑巧老白送茶进来,颐谷指着桌子上抓得千疮百孔的稿子,字句流离散失得像大轰炸后的市民,说:"你瞧,我回去吃顿饭,出了这个乱子!我临去把誊清的稿子给李先生过目,谁知他看完了就搁在我桌子上,没放在抽屉里,现在又得重抄了。"

钱锺书《猫》

④女孩正眼睁睁地往树上望着,忽然发现男孩挂在那根树杈上,像一颗肥硕的果实。她猜想他一定非常舒服,她羡慕得要命,也想挂到树杈上去。但很快就起了变化,男孩伴着树枝慢悠悠地落下来,她看到他的身体拉得很长,似一匹抖开了的棕绸缎,从树梢上直挂下来,那根她选中的树杈抽打着绸缎,索然有声。她捧着男孩的衣服往前走了一步,猛然觉得一根柔韧的枝条猛抽着腮帮子,那匹棕色绸缎也落到了身上。她觉得这匹绸缎像石头一样坚硬,碰一下都会发出敲打铁皮般的轰鸣。

莫言《枯河》

⑤说来这小子确实有点才气,我从来没有想到还有人能把音乐这东西操练得这么难听,邻居家办喜事请来两个木匠日夜开工,相比之下,锯木头的声音都像是天籁。

李晓《继续操练》

⑥在小曲儿里,时常用葱尖比美夫人的手指,这自然是春葱,绝不是山东的老葱,设若美妇人的十指都和老葱一般粗(您晓得山东老葱的直径有多粗),一旦妇女革命,打倒男人,一个嘴巴子还不把一个男人打飞。

老舍《一些印象》

⑦有时候,太阳已偏到西边去,他还没吃午饭。他忘了自己。生意是生意,少吃一顿饭算什么呢,他的身体壮,能够受得住。到晚间,回到家中,他才觉出点疲乏,赶紧划搂三大碗饭,而后含笑的吸一袋烟,烟袋还没离嘴,他已打上了盹;倒在床上,登时鼾声像拉风箱似的,震动得屋檐中的家雀都患了失眠。

老舍《四世同堂》

例①借代兼婉曲与排比连用。"黄金的枷""沉重的枷角"以婉曲与借代兼用,指曹七巧由于婚姻畸形造成人性畸变,对家人的虐杀。在财欲、情欲的压迫下,她的性格被扭曲,行为乖戾,破坏儿子的婚姻,致使儿媳被折磨而死,还破坏女儿的爱情。这一结果用排比句式显现,历数曹七巧的罪恶。例②引用、比喻、比拟兼比喻、排比连用。先引用南朝文学家丘迟《与陈伯之书》中名句,接着以"老窖名酒"作喻。由名句又引出春风,"抚摸""体贴"是比拟,又交织着"柳丝的飘拂""细雨的滋润"比喻,带有动态的形象感。接着以"草长,花开,莺飞"构成排比复沓,对江南春天的热爱怀念得到了形象的抒发。例③仿拟、移就兼比喻,比喻连用。"打猫要看主妇面"是仿"打狗要看主人面"而来,"想把心上一团蓬勃的愤怒像梳理乱发似的平顺下去"是移就兼比喻。"字句流离散失得像大轰炸后的市民"是比喻。整段文字将颐谷对猫的满肚子怒气体现出来。例④ 比喻、借代与通感兼夸张连用。先用"一颗肥硕的果实"比喻挂在树杈上的男孩,接着用"一匹抖开了的棕绸缎,从树梢上直挂下来"比喻男孩从树上"慢悠悠地落下来"形态,再接着直接用"绸缎"代替掉下来的男孩,又用"石头一样坚硬"比喻砸向自己的男孩的巨大冲击力。进而描写的"碰一下都会发出敲打铁皮般的轰鸣",以通感兼夸张突显了女孩被男孩砸中所受的重创。例⑤ 反语与比喻兼夸张连用。从海外学成归来的姓温的中提琴手在市里开独奏音乐会,"一曲未了,前后左右的人都低眉合目,仿佛喝过白日鼠白胜的药酒,一个个倒也。我坚持了一会,也昏昏地睡去"。多种修辞格突出体现了其演奏效果的低劣。例⑥ 比喻兼对比与夸张连用。用"葱尖"比喻美夫人的手指,对"葱尖"的说明中含有"春葱""老葱"的对比。接着以假设夸张表现了女人革命的威力。例⑦ 比喻与比拟兼夸张连用。这段文字形容金三爷"仿佛忽然落在了生意网里,左顾右盼全是生意",故而疲劳至极。先用"拉风箱"形容金三爷的鼾声,接着进一步对鼾声的声响夸张形容,将家雀当作人来写。

连用中有更为复杂的修辞格混用。如:

> 一般的女人到了中年,更着急。哪个年青女子不是饱满丰润得像一颗牛奶葡萄,一弹就破的样子?哪个年青女子不是玲珑矫健得像一只燕子,跳动得那么轻灵?到了中年,全变了。曲线都还存在,但满不是那么回事。该凹入的部分变成了凸出,该凸出的部分变成了凹入,牛奶葡萄要变成为金丝蜜枣,燕子要变鹌鹑。最暴露在外面的是一张脸,从"鱼尾"起皱纹撒出一面网,纵横辐辏,疏而不漏,把脸逐

141

渐织成一幅铁路线最发达的地图,脸上的皱纹已经不是熨斗所能熨得平的,同时也不知怎么在皱纹之外还常常加上那么多苍蝇屎。

梁实秋《中年》

比喻兼反问反复,借代兼比喻,比拟,比喻兼夸张连用。用两个"哪个"领起的反问句强调语气,句中隐含着"牛奶葡萄""燕子"的比喻。由"年青女子"转入"中年",承前比喻直接把"牛奶葡萄""燕子"借代"年青女子",由此引出又一层比喻:用"金丝蜜枣""鹌鹑"喻中年,由于前面的借代关系,"金丝蜜枣""鹌鹑"也带有了比喻兼借代的性质。"皱纹撒出一面网"是比拟,"织成一幅铁路线最发达的地图"是比喻兼夸张。诸多辞格形象生动地表现了人到中年的变化。

连用中混合套用,这类例子虽然较少,但也有。如:

没意思! 生命入了圈,和野鸟入了笼,一样的没意思。我少年的时候是个野驴;中年,结了婚,做了事,变成个贼鬼溜溜的皮驴;将来,拉到德胜门外,大锅煮,卖驴肉。我不会再跳出圈外,谁也不能。

老舍《离婚》

在与比喻连用的层递中,还含有比喻。先用"野鸟入了笼"比喻"生命入了圈",接着"少年""中年""将来"时间的推移是层递,各个阶段的特点又用了"野驴""皮驴""驴肉"作喻,特点突出,形象性强。

(2)以套用为最大层次,其中套合着连用、兼用。如:

① 赵子曰先生的一切都和他姓名一致居于首位:他的鼻子,天字第一号,尖、高、并不难看的鹰鼻子;他的眼,祖传

独门的母狗眼;他的嘴,真正西天取经又宽又长的八戒嘴。鹰鼻、狗眼、猪嘴,加上一颗鲜红多血、七窍玲珑的人心,才完成了一个万物之灵的人,而人中之灵的赵子曰!

老舍《赵子曰》

② 也许每个男人全都有过这样的两个女人,至少两个。娶了红玫瑰,久而久之,红的变了墙上的一抹蚊子血,白的还是"床前明月光";娶了白玫瑰,白的便是衣服上粘的一粒饭黏子,红的却是心口上的一颗朱砂痣。

张爱玲《红玫瑰与白玫瑰》

③ 天真是地道出淤泥而不染,和街坊家王二嫂正是一对儿。王二嫂的被子能整片往下掉泥,锅盖上清理得下来一斤肥料,可是一出门,脸擦得像个银娃娃,衣裳像些嫩莲花瓣儿。自腕以上,自项以下,皆泥也。

老舍《离婚》

④ 塑料椅子这边安静下来,开始聆听沙发那边令人瞠目的奢华。他们六个中间有五个的墓地都建立在高高的山顶,面朝大海,云雾缭绕,都是高山仰止景行行止的海景豪墓。只有一个建立在山坳里,那里树林茂密溪水流淌鸟儿啼鸣,墓碑是一块天然石头,在那里扎根几百上千年了,他说现在讲究有机食品,他的是有机墓碑。

余华《第七天》

⑤ 有那么一个有名望的作家,我们竟不知道他的姓名叫什么。这并非因为他是未名、废名、无名氏,或者莫名其妙。缘故很简单:他的声名太响了,震得我们听不清他的名字。例如信封上只要写:"法国最大的诗人",邮差自会把

信送给雨果;电报只要打给"意大利最大的生存作家",电报局自然而然去寻到邓南遮。都无须开明姓名和地址。我们这位作家的名气更大,他的名字不但不用写得,并且不必晓得,完全埋没在他的名声里。只要提起"作家"两字,那就是他。他写了无数小说、戏曲、散文和诗歌,感动、启发、甄陶了数不清的中学生……他能在激烈里保持稳健,用清晰来掩饰浅薄,使糊涂冒充深奥。

钱锺书《灵感》

例①整体是夸张,内套比喻反语。从外貌到心灵,对赵子曰做夸大描写。"鹰鼻子""母狗眼""八戒嘴"是比喻,"万物之灵""人中之灵"放在虚荣、萎靡、混世的赵子曰身上,是显而易见的反语。例②是对比套比喻兼借代引用。对男人有过的两个女人做对比,对比是以两个比喻构成的,这一比喻源自小说开端:"振保的生命里有两个女人,他说一个是他的白玫瑰,一个是他的红玫瑰。一个是圣洁的妻,一个是热烈的情妇——普通人向来是这样把节烈两个字分开来讲的。"承接这比喻,又以"红的"借代红玫瑰,以"白的"借代白玫瑰,又引出两对比喻,"一抹蚊子血"喻红玫瑰,"床前明月光"喻白玫瑰,这个喻体是引用李白诗句。"衣服上粘的一粒饭黏子"喻白玫瑰,"心口上的一颗朱砂痣"喻红玫瑰。不同的喻体表现了不同关系在男人眼中的不同地位,将振保见异思迁的品性形象地表露出来。例③是对比套反语、夸张兼比喻。张大哥的儿子天真有两个特点:懒,懦。上文语境对他卧室的描绘是:"那么漂亮的人的卧室:被子一半在地上,烟卷头——都是自行烧尽的——把茶碟烧了好几道黄油印,地上扔满了报纸,报纸上扔着橘子皮,木梳,大刷子,小刷子。枕头上放着篦子,拖鞋上躺着生发油瓶。茶碗里有几个橘子核。换下的袜子在痰盂里练习游泳。"于是便有了"出淤泥而不染"之说,可见其反话正说之意。这是妈妈收拾房间时所见的描述,拿妈妈"最不佩服"的王二嫂作比,嘲讽妈妈"恰好有这么个儿子"。对王二嫂的描绘,用了夸张手法,兼有比喻,传神形象。例④是对比套引用兼移就、呵成、仿拟。塑料椅子这边指的是殡仪馆普通候烧区域,沙发那边指的是贵宾区域。与之相配套的,贵宾们的墓地是奢华的。"高山仰止,景行行止"出自《诗经·小雅·车辖》,原意为赞颂人的品行才学令人仰视,让人以其举止作为行为准则,此处却用于修饰"海景豪墓",是引用兼移就。"树林茂密溪水流淌鸟儿啼鸣"为无标点停顿的呵成,"有机墓碑"是仿"有机食品"而来。贫富对立在殡仪馆得到突出展现。例⑤是婉曲套反语、衬托、排比兼对顶。以委婉的手法嘲讽"一个有名望的作家",构成整段文字的情感倾向。"有名望""名气更大"是反语,这从对其姓名未知及原因可见。接着以雨果、邓南遮的名气之大衬托"这位作家的名气更大",并以这位作家的成果为证,但"在激烈里保持稳健,用清晰来掩饰浅薄,使糊涂冒充深奥"构成的排比中兼有对顶,"激烈"与"稳健"、"清晰"与"浅薄"、"糊涂"与"深奥"虽不是严格意义上的反义词,但其语义的对立是显而易见的,隐含的讽刺不言而喻。

还有多种修辞格层层相套使用。如:

那是五月的天气,小太阳撅着血盆似的小红嘴,忙着和那东来西去的白云亲嘴。有的唇儿一挨慌忙的飞去;有的任着意偎着小太阳的红脸蛋;有的化着恶龙,张着嘴想把她一口吞了;有的变着小绵羊跑着求她的青眼。这样艳美的景色,可惜人们却不曾注意,那倒不是人们的错处,只是小太阳太娇羞了,太泼辣了,把要看的人们晒的满脸流油。

老舍《老张的哲学》

比拟套排比兼反复,排比中又套比喻比拟。整体将小太阳当作人来写。其中,四个"有的"反复提携引出的排比句描绘小太阳与白云亲嘴的各种姿态,其间,又套着比喻"化着恶龙""变着小绵羊",和"亲嘴"动作神态的比拟,具体形象,惟妙惟肖。

参考文献

陈望道　1932/2008　《修辞学发凡》,(上海)复旦大学出版社。
冯广艺　1999　《语境适应论》,(武汉)湖北教育出版社。
冯广艺　2004　《变异修辞学》,(武汉)湖北教育出版社。
高万云　2001　《文学语言的多维视野》,(济南)山东文艺出版社。
胡习之　2014　《核心修辞学》,(北京)中国社会科学出版社。
黎运汉　2006　《汉语修辞学》,(广州)广东教育出版社。
李晗蕾　2004　《辞格学新论》,(哈尔滨)黑龙江人民出版社。
骆小所　2010　《现代修辞学》,(昆明)云南人民出版社。
濮　侃　1983　《辞格比较》,(合肥)安徽教育出版社。
唐松波、黄建霖[主编]　1989　《汉语修辞格大辞典》,(北京)中国国际广播出版社。
唐　钺　1923　《修辞格》,(上海)商务印书馆。
汪国胜等[编]　1993　《汉语辞格大全》,(南宁)广西教育出版社。
王德春　2001　《现代修辞学》,(上海)上海外语教育出版社。
王希杰　1996　《修辞学通论》,(南京)南京大学出版社。
尉迟华[主编]　2011　《新编增广修辞格例话》,(北京)清华大学出版社。
吴礼权　2013　《修辞心理学》,(广州)暨南大学出版社。
吴礼权　2020　《现代汉语修辞学》(第4版),(上海)复旦大学出版社。
吴士文　1986　《修辞格论析》,(上海)上海教育出版社。

武占坤[主编] 1990 《常用辞格通论》,(石家庄)河北教育出版社。
杨荣祥 2015 《汉语修辞格文化特征论析》,(沈阳)东北大学出版社。
张　弓 2014 《现代汉语修辞学》,(石家庄)河北教育出版社。
郑远汉 1985 《辞格辨异》,(武汉)湖北教育出版社。
祝敏青、陈碧莲 2022 《汉语修辞格趣谈》,(北京)商务印书馆。
祝敏青、林钰婷 2017 《当代小说修辞性语境差阐释》,(北京)商务印书馆。
宗廷虎 1990 《中国现代修辞学史》,(杭州)浙江教育出版社。
宗廷虎、陈光磊[主编] 2019 《中国辞格审美史》,(长春)吉林教育出版社。